捕捉儿童敏感期

李芷怡◎著

民主与建设出版社
·北京·

ⓒ 民主与建设出版社，2019

图书在版编目（CIP）数据

捕捉儿童敏感期/李芷怡著．—北京：民主与建
设出版社，2019.9
ISBN 978 - 7 - 5139 - 2225 - 8

Ⅰ．①捕… Ⅱ．①李… Ⅲ．①儿童教育 - 家庭教育
Ⅳ．①G78

中国版本图书馆 CIP 数据核字（2019）第 175056 号

捕捉儿童敏感期
BUZHUO ERTONG MINGANQI

出 版 人	李声笑	
著 者	李芷怡	
责任编辑	刘 艳	
封面设计	周 飞	
出版发行	民主与建设出版社有限责任公司	
电 话	（010）59417747 59419778	
社 址	北京市海淀区西三环中路 10 号望海楼 E 座 7 层	
邮 编	100142	
印 刷	三河市金轩印务有限公司	
版 次	2019 年 9 月第 1 版	
印 次	2019 年 9 月第 1 次印刷	
开 本	880 毫米×1230 毫米 1/32	
印 张	6	
字 数	100 千字	
书 号	ISBN 978 - 7 - 5139 - 2225 - 8	
定 价	32.00 元	

注：如有印、装质量问题，请与出版社联系。

序　让孩子在爱和自由中度过敏感期

在一些认识我的父母看来，我是幸运的，因为我在教育孩子时具有很多"先天"优势：大学时读的是心理学，研究生时读的是教育学，后来又自学 NLP①，还是一位幼儿园老师。

我承认，这些心理学和教育学知识在教育儿子 Jimmy 和女儿 Amy 时，给了我很大的帮助。而在蒙台梭利幼儿园担任老师的经历，也让我对教育学知识认识得更加深刻。

但是，我认为，不懂心理学和教育学知识，并不能成为没有教育好孩子的理由。孩子天生有其内在的成长秩序，父母只需提供适宜的环境，孩子便能自行发展。

在孩子的成长过程中，我认为最重要的阶段就是 0 ~ 6 岁。孩子从对世界一无所知到逐渐学会探索和认识世界，这是多么巨大的进步啊。

由于对家庭教育感兴趣，我在去美国学习家庭教育之前，就开始接触敏感期相关的书籍。那时，我托人从国外买来蒙台梭利的著作仔细研读，第一次为儿童的内在力量震撼，为敏感期的行为感到惊讶。

那时候，我经常看到这样一幕：孩子在吃手时，父母会阻止，有时还会打一下孩子的小手，以示惩戒。这时，我就感觉很痛心：孩子吃手，是在锻炼嘴巴，同时也是通过嘴巴来认识手。不仅不应该阻

---

① Naturae Langvage Processing，自然语言处理，是人工智能（AI）的一个子领域。

止，反而应该得到支持才对。

我对传统育儿观点产生了深深的怀疑，这也是我在做过了一段时间的心理咨询师后，又独自一人跑到美国学习和工作的原因之一。

通过学习，我发现，孩子的敏感期比我认为的重要得多。孩子在敏感期得到充分发展，智力会迅速发育，快速形成自己的思考能力，同时拥有很强的安全感，对自己也充满信心。

更让我惊讶的是，孩子在敏感期学到的一切，成人即使花上 50 年的时间，也未必能学好。可以说，敏感期影响孩子一生的发展。

那么，什么是敏感期呢？

敏感期，是指孩子在 0～6 岁期间的某些阶段，会由于内在发展的需要对外在的刺激感到敏感，从而努力从环境中吸收、学习，以满足成长的需要。

换句话说，在敏感期里，孩子可以轻松地获得各种能力。比如在手的敏感期，孩子会不断使用手，以发展手的能力。

在敏感期里，当孩子想要发展一种能力时，我们就要提供合适的环境和条件，也就是给孩子提供便利，让他们更好地发展这种能力。

遗憾的是，很多父母没有注意到孩子的敏感期，有的父母注意到了，反而在敏感期里成了孩子发展的最大阻碍。这对孩子来说，真是太残忍和不公平了。

我同情不被父母理解的儿童，也希望自己能为儿童的成长做出一分努力。抱着这样的想法，我投身于幼儿教育工作，在国内外蒙台梭利幼儿园工作的同时，还为父母提供咨询服务。

在这个过程中，我还认识到，很多青春期问题不断的孩子，很大程度上是因为在敏感期内没有得到相应的帮助，导致内在发展受到了阻碍，所以才会在青春期以逆反的形式表现出来。

我知道，现在的父母越来越重视孩子的教育问题，并且努力反省自己，在改变自己不当教育方式的同时，努力修补与孩子之间的关系。

然而，我却以为，如果对孩子造成了伤害，尤其是对 0～6 岁的孩子造成了伤害，父母以后不管如何努力，都很难让伤害留下的疤痕消失。

与其在伤害孩子后努力去弥补，不如一开始就给孩子爱和自由，让孩子在敏感期里努力发展自己的各项能力，按照内在的成长规律健康成长。

为了帮助那些想要抓住孩子的敏感期，让孩子在爱和自由下长大的父母，我特地写了这本书。我相信，通过一个个生动有趣的小故事，父母在感到温馨快乐的同时，也能领会到敏感期教育的真谛，找到最适合自己孩子的教育方法。

我衷心希望，每个孩子都能快乐度过自己的敏感期，每位父母都能在教育孩子的过程中不断完善自我，与孩子一同成长。

目 录　　　　　　　　　　　　　捕捉儿童敏感期

CONTENTS

第1章

发现儿童敏感期，让孩子无阻碍地度过（0~6岁）

敏感期是指0~6岁儿童在成长中，因内在成长的需要，会在特定的时间段吸收环境中有利于自己成长的因素，并不断重复练习。每顺利度过一个敏感期，儿童的心智水平就会上升一个层次。

○ 什么是敏感期？首先要从"生物敏感性"说起

在我和年轻的父母交流时，最常被问到的问题是"孩子为什么总吃手""孩子为什么喜欢往嘴里塞东西""孩子为什么总爱问词语的意思""孩子为什么不接受不完整的东西"等。

在面对这些问题时，我通常都是先恭喜这些父母："恭喜啦，这意味着你的孩子进入了敏感期。也就是说，孩子进入了一生中最重要的学习阶段。"

即使我这么说，大多数的父母还是一副疑惑不解的样子。看到这种情况，我微微一笑说道："我来讲一个故事吧，听完这个故事，你就懂得敏感期是怎么回事了。"

于是，我把荷兰科学家德弗利斯关于昆虫敏感性的研究，编成了一个简单易懂的故事，讲了出来。

有一个雌蝴蝶要产卵了，为了保证卵的安全，它在树枝与树干连接的隐蔽位置找到了产卵点，并小心翼翼地产下几十只卵。

在接下来的几天里，由于树枝和树干的庇护，这些卵安全地发育成熟了。一只幼虫在破壳而出后，迅速把卵壳吃掉，随后又吃掉了临近的几只卵，补充体力。

不多久，所有的幼虫都破壳而出，纷纷开始寻找新的食物。它们还太小，无法咀嚼周围的大的树叶，只能依靠树梢的嫩芽为生。

这对于我们来说，是很容易理解的事情，可是幼虫是怎么知道嫩芽在树梢呢？而且，从树干跟树枝交接的地方到树梢，需要经过很长一段距离，而幼虫又没有导航仪，怎么能不迷路却安全到达呢？

这完全不用我们操心，没有一只幼虫会在寻找嫩芽的过程中迷路。这是为什么呢？答案很简单，就是敏感性。

实际上，这种蝴蝶幼虫对光有种本能性的敏感，出生后就会朝着光线最充足的树梢爬去，而那里，就有让它们得以存活的美味，也就是嫩芽。

又过了一段时间，贪吃的幼虫渐渐长大了。这时候，它们除了吃嫩芽外，也可以吃大片的叶子了，而它们对光的敏感性也消失了。

尔后，幼虫开始不停地做茧，把自己包裹起来，在茧中等待。直到有一天，幼虫破茧而出，成为一只真正的蝴蝶。

听我讲到这里，这些父母似乎有了一点感悟，但仍有些疑惑地问我："这和孩子的敏感期有什么关系？"

我说："孩子就像幼虫一样，到了某一特定的阶段，内心也会产生一种本能般的力量，驱使孩子对感兴趣的事物进行探索和学习，这种狂热会一直持续，直到孩子的内在需求得到满足，或者敏感期结束，才会消失。

"孩子总吃手，喜欢往嘴里塞东西，是手的敏感期和口腔敏感期到了；孩子爱问词语的意思，是语言的敏感期到了；孩子不愿意要不完整的东西，是追求完美的敏感期到了。

"我们可以想象，孩子虽然对世界一无所知，却能在几年内学会比一生其他阶段都多的技能，显然是依靠了生命的本能，也就是敏感性。可见，敏感期有多重要！"

听完我的话，这些父母才意识到，自己差点成为扼杀孩子潜能的刽子手。

大自然充满神奇，所有事物都遵循着客观规律发展着，孩子也是如此。在孩子的敏感期到来之时，我们要敏感地捕捉到，并且提供最好的条件，让他们的内心需求得到满足，更好地发展与成长。

○ 敏感期，给孩子的成长增添更多动力

我很庆幸，上天赐给我一双儿女，给我的生活增添了众多乐趣的同时，也让我在家庭教育的道路上有了更多的研究与收获。

在教育儿子 Jimmy 和女儿 Amy 时，我认识到了儿童敏感期的重要性。我亲眼见证了两个孩子充满活力和激情地挑战一件件事情，依靠自己的力量完成自身的成长。

在这个过程中，他们一次次地放弃，曾让我误以为是不懂坚持。后来才知道，那是因为他们已经得到了自己想要的结果，所以便失去了继续探索的兴趣。

海兰是我认识的年轻妈妈之一。一次，她带着两岁的儿子来我家

做客。小家伙能独自走路没多久，可一到我家，就各个房间乱跑。海兰在孩子身后追着、呵斥着，同时伸出两手把他紧紧抱住。

等孩子安静地玩玩具后，我和海兰简单聊了起来。过了一会儿，没有听见孩子的动静，海兰不安地抬头往客厅一角望去，发现儿子正死死地盯着墙壁发呆。

海兰走过去，一把拉过儿子，才发现儿子在看粘在墙上的一只死蚊子。海兰不高兴了："这有什么好看的？你老老实实地玩玩具不行吗？"一边说，一边把儿子往客厅中间拉。

小家伙不高兴了，拼命挣脱着，扭过头来，眼睛依旧盯着墙壁。我过去拦住了海兰："让孩子看吧，他现在进入了关注细小事物的敏感期。你阻止他，可能会让他以后变得很粗心。"

海兰以前听我讲过关键期的事情，所以立刻松开手。小家伙很高兴，很快重新跑到墙壁面前，我则和海兰讲起了敏感期的重要性。

"你还记得狼孩的故事吧？"我问海兰。海兰是我在办讲座时认识的，那次讲座上，我正好举了狼孩的例子。

狼孩是指由狼抚育起来的人类幼童，据说被发现的已有十多人，而其中最为有名的是在印度狼窝里发现的两个女孩——卡玛拉和阿玛拉。

在被发现时，卡玛拉七八岁，阿玛拉约两岁。随后，她们被送往孤儿院抚养。阿玛拉于第二年死去，卡玛拉在 16 岁左右死去，智商只相当于三四岁的孩子。

事实上，当时由美国传教士辛格专门负责教育卡玛拉，但即便经过了 7 年的教育，卡玛拉也只是勉强学会了 45 个词和几句简单的话。虽能勉强直立行走，但身上仍然存在许多狼的习性。

海兰点头表示记得。

我用略带悲伤的声音说："在狼孩身上，我们很容易看到，直立行走和说话并非人的本能，是需要后天学习的。一般来说，0 ~ 6 岁对人的身心发展极为重要，存在着各种关键期。错过了，会使大脑的发育和语言的发展都受到严重的影响。

"由于卡玛拉在关键期时没有接触相应教育而无法从环境中吸收人类的习性，导致她被人类发现时不会说话，不会思考，不会直立走路。

"你刚才的做法，实际上就是阻止孩子发展对细小事物的敏感性，会影响孩子的性格发展和做事方式等，以后想要弥补都来不及了。"

海兰听了我的话，深深点了点头。

敏感期是大自然送给孩子最好的礼物，也是教育的最佳时期和关键期。在敏感期出现时，如果我们能抓住，就能给孩子的成长带来更多助力，让孩子迅速又自然地成长。

○ 让人感到有趣而又抓不到头脑的敏感期行为

每个孩子都是父母眼中的天使。随着这些小天使的成长，我们的生活中也喜忧不断。有时，孩子天真可爱得让人直想狠狠亲一口，有时却又做出一些让人哭笑不得、完全抓不到头脑的事情。

生下 Jimmy 时，是我第一次做妈妈。看到他每天吮吸着乳头，不断尝试着把手放进嘴里，抓到什么都往嘴里放，一副锲而不舍的样子，很有意思。

每次想起这些，我都觉得很有趣。我知道，这些都是敏感期的表现，自己应该减少干涉，让孩子在敏感期自由探索。

在 Jimmy 的各种敏感期里，最让我感动的，莫过于他第一次叫我一声"妈妈"。

那天，我刚刚洗完衣服，擦了擦手去看正在睡觉的 Jimmy。当我靠近他时，他突然睁开眼睛，冲着我笑了。

我也笑了，逗着他说："妈——妈——妈——妈——"

没想到，小家伙居然跟着我，清晰完整地说完了这两个让我现在想起来都激动不已的字眼——妈妈。

我激动不已，立刻抱起 Jimmy，一边把他举高，一边对他说："Jimmy，再叫一遍妈妈，乖，再叫一遍妈妈。"

Jimmy 很配合，又断断续续地叫了几声"妈妈"。

那一刻，我真是感觉幸福极了。

现在想来，孩子真的具有非常神奇的力量。我们的世界被各种声音充斥着，人的说话声、动物的叫声、物体摩擦声、乐器撞击声等，非常热闹。可是，那么幼小的孩子居然能借助内在对声音的敏感性分辨出人类的声音，然后加以模仿，真是神奇！

Jimmy 也是这样。最开始，我们在他周围说话时，他总是侧着脑袋耐心地听，有时会攥紧拳头，有时会踢动双腿，有时会"咯咯"地笑。我很清楚，这是孩子在表达自己听到声音时的喜悦。

接着，Jimmy 就开始了模仿。有时即使我们不说话，他也会叽叽歪歪地说个不停，兴趣盎然，直到有一天，终于学会了开口叫"妈妈"。

孩子的成长让人惊讶，各种敏感期也不容小视。不仅是口、手、语言敏感期，其他各种各样的敏感期也同样重要，需要我们做父母的多加重视。

在面对向我咨询敏感期问题的父母时，我总是强调："孩子的敏感期不受我们的控制，但却需要我们的帮助。如果对孩子的敏感期视而不见，甚至加以阻挠，必然会给孩子造成难以挽回的伤害。"

所以，我们需要多关注孩子的成长，及时发现他的那些看似有问题的行为，并通过这些行为发现孩子内心的变化，在孩子开口前，就将他需要的东西给他，这对敏感期的孩子来说，是最好的教育。

孩子的成长就像种庄稼，需要一个过程。庄稼会在恰当的时机长高、抽穗、饱满，不管种田人的心情有多么急切。

教育孩子也是如此，不管你多么急切，孩子都会按照内在的设定成长。与其内心焦虑不安，不如从现在就开始努力守护孩子，帮助孩子顺利度过敏感期吧！

○ 每个孩子都拥有神奇而又奥妙的 "九大敏感期"

我一直认为，敏感期是大自然赋予儿童的生命助力，它让儿童拥有了神奇的力量，我们有必要对敏感期多做一些了解。

作为蒙台梭利幼儿园的老师，我一直在努力学习和实践蒙台梭利教育法，对于其中关于敏感期的划分，更是熟记于心。

按照蒙台梭利对婴幼儿敏感期的观察与研究，敏感期大体上可以分为九种，分别为：语言敏感期、秩序敏感期、感官敏感期、对细微事物感兴趣的敏感期、动作敏感期、社会规范的敏感期、书写敏感期、阅读敏感期、文化敏感期。

在孩子进入每个敏感期时，都有相应的行为表现，也有相应的内容需要学习。我们需要先了解这九大敏感期的相关内容，才能在必要时给予孩子关键的帮助。

1. 语言敏感期（0~6岁）

一般来说，当你发现孩子开始盯着你或其他人的口型看，并尝试着咿呀学语时，你要注意了，这意味着孩子进入了语言敏感期。

我们都有这样的经历，掌握一门语言是一件枯燥并且困难的事情。但是对孩子来说，学习语言简单而又充满乐趣。

这是因为，孩子对语言非常敏感，大人的话在他听来就像音乐，能自然而然地吸收。正因为有这样的积累，孩子才会突然间开口说话。

语言能力很重要，在这个阶段，你要多和孩子说话，或者给孩子讲故事听，让孩子多接触语言，多讲话。如果孩子在两岁左右还不会说话，最好去医院做一次检查。

2. 秩序敏感期（2~4岁）

有那么一段时间，孩子对物品摆放的位置非常在意，甚至不准别人进行移动。在做事情的时候，也必须按照一定的程序，否则就要重新开始。

当你的孩子出现这种情况，说明他进入了秩序敏感期。此时，你需要给孩子提供一个有秩序的环境，以帮助他认识事物、熟悉环境。

如果你没有这么做，孩子就会因为不熟悉周围的环境而变得惊恐、不安，经常哭泣或乱发脾气。这种信号，你一定要接收到，并及时改正破坏孩子秩序感的言行。

当然，你也不用特别担心，当孩子从环境里逐步建立起内在秩序时，他的智能也会得到发展，以满足成长的需要。

3. 感官敏感期（0~6岁）

儿童认识和理解外界、建构内在世界，离不开感官的帮助。事实上，从出生那刻起，孩子就已经开始借助听觉、视觉、味觉、触觉等感官来了解外界了。

只有感觉得到了发展，孩子的其他心理机能，如记忆、思维等才有发展的基础。所以，在孩子探索时，只要能保证安全，父母最好不要干涉。

4. 对细微事物感兴趣的敏感期（1.5~4岁）

我们早已经习惯了忙碌的生活节奏，目光和目标也常常集中在那些能改变生活或者让人生更加美好的事情上，对于细微的事物则很少关注。

可是你会发现，到了某个阶段，孩子突然对地上的小虫子、瓜子壳、小石子等产生了浓厚的兴趣，会抓在手中不放，或者盯着看上半天。这时，你就可以确定，孩子进入了对细微事物感兴趣的敏感期。

此时，你不需要过于担心卫生问题，可以给孩子提供一些小物品，引导孩子仔细探究，帮助孩子学会观察。

5. 动作敏感期（0~6岁）

动作敏感期，包括身体的动作和手的动作。一般来说，在孩子学会走路后，你要多鼓励孩子运动，让肢体动作更加协调，这对左右脑的均衡发育也很有好处。

而手是孩子学习的重要工具，事实上，手上的一切活动都听命于大脑的指挥。让孩子多动手进行实践，从另一个方面来说，也能促进智力的发育。

6. 社会规范的敏感期（2.5~6岁）

在两岁半左右，孩子会渐渐变得不再那么以自我为中心，而是将兴趣逐渐转移到了社交和参加集体活动上。这是进入社会规范的敏感期的表现。

这时，你需要让孩子了解日常规范和社交礼仪，并且让他努力遵守。这样一来，既能为孩子打下遵纪守法的基础，也能让孩子学会自律。

7. 书写敏感期（3.5~4.5岁）

进入书写敏感期后，孩子开始拿起笔涂涂画画，或者学着大人的样子写字。这是一种好现象，虽然孩子一开始可能只是点点画画，但到了最后，孩子总能写出规范的文字。

你不要因为孩子乱写乱画就打断孩子的自我学习，要给孩子提供纸笔，必要时可以教孩子写字，以满足他内心对书写的需要。

8. 阅读敏感期（4.5~5.5岁）

当孩子对图书感兴趣，愿意看书或者听大人读书时，意味着他进入了阅读敏感期。

与其他能力相比，孩子的阅读能力发展相对较慢。但如果孩子在其他敏感期得到了较好的发展，阅读能力也会在进入敏感期后迅速发展。

在这种情况下，你可以多给孩子买一些书，让孩子随时都能接触到书。同时，你最好养成阅读的习惯，创造读书的氛围，促进孩子阅读习惯的养成。

9. 文化敏感期（6~9岁）

孩子虽然在3岁左右就对文化感兴趣，但真正出现探究心理却是在6~9岁期间，这就是孩子的文化敏感期。

在这个特殊时期，你给孩子提供多少文化信息，孩子就能吸收多少。在这个敏感期，多让孩子接触各方面的知识，他就能吸收丰富的文化信息。

相较于漫长的一生，孩子的敏感期实在短暂。但是，孩子在这个阶段获得的能力、智力、心理等，却是一生发展的基础。

我们要多走进孩子的内心，了解并满足孩子的心理需要，只在必要时给予指导和帮助，让孩子在自由的空间中，发展自己的敏感性。

李老师给家长的敏感期教育启示

在0~6岁时，每到某一特定的阶段，孩子的内心便会产生一种本能般的力量，驱使他对感兴趣的事物进行探索和学习，这一段时期被称为敏感期。

孩子对世界一无所知，全靠在敏感期的学习和探索，让他们拥有了适应外界条件的能力，拥有了更好成长的基础。

所以，每一个做父母的，都应该了解孩子的九大敏感期，多关注孩子的成长，及时发现孩子的敏感期行为，给孩子爱和自由，帮助他顺利度过敏感期。

第 2 章

抓住视觉敏感期，否则视觉功能就会丧失（0~2岁半）

　　刚出生的婴儿有一定的视觉能力，对明暗相间的地方感兴趣，所以我们要为孩子创造黑白相间的环境，发展孩子的视觉能力，为触觉、听觉等能力的发展奠定基础。

○ 孩子的视觉发展很早，需要及早了解视觉敏感期

我们知道，在感官中，视觉最先发育。在孩子还是胚胎时，眼睛的结构就已经构建完成。但若想让视力正常发展，需要一个"激活码"，即视觉刺激来激活视觉能力。

孩子出生后，外界的光线便是最有力的"激活码"，孩子的视力不断发展，对光的敏感性也与日俱增。

换句话说，孩子从一出生就进入了视觉敏感期，需要父母的保护和进行相应训练。可是，每当听到我这么说，就有父母嗤之以鼻："只要眼睛没有生理毛病，不训练照样看得见。"

每次听到这种观点，我就想起了那个被称为"独眼大侠"的孩子——龙龙。

龙龙是个幸福的孩子，生活在一个充满关爱的家庭中。但他同时又是不幸的，因为他的右眼视力很差，几乎看不见任何东西。

龙龙是早产儿，在他出生时医生发现，他的右眼患有先天性白内障，需要做手术。考虑到当时龙龙的身体比较虚弱，父母决定等他稍大些再做手术。

一个月后，龙龙身体好转，立刻做了白内障手术，手术很成功，龙龙的父母也松了一口气。可是后来，他们发现，在孩子眼前晃动摇铃时，孩子的右眼几乎没有任何反应。

龙龙的父母很担心，慌忙带着孩子去医院检查。检查结果显示，孩子的右眼没有任何问题。医生也说，等孩子再大一些，就能看清楚了。

然而，事情并没有像医生说的那样发展，龙龙右眼的视力范围一直没有增加多少。

"我真是后悔。"龙龙妈妈对我说，"早知道当初刚一出生就给孩子做手术好了，现在，看到孩子这样，我真恨不得把我的眼睛给他。"

我很理解龙龙妈妈的心情。虽然我无法证明龙龙的右眼视力偏低

与白内障有直接关系，但以往的案例告诉我，这种可能性非常大。

我听过一个与龙龙的经历差不多的案例。

在意大利，有一个男孩有一只眼睛因轻度感染被绷带缠了半个月，半个月后，当绷带拆除时，医生才发现，虽然这只眼睛在生理上没有任何问题，但却完全失明了。

后来，经过研究发现，是由于眼睛没有和特定的神经中枢建立联系，主管视觉的结构没有被激活，所以大脑接收不到眼睛传来的信号，自然被视为看不见。

可见，在视觉敏感期，一定要给孩子提供相应的环境刺激。俗话说，"不用则退"，不管不问会导致视力永远很差。

而且，其他的感官，如听觉、触觉等也需要视觉的帮助，才能发展得更好。所以，你一定要抓住孩子视觉发展的敏感期，让孩子拥有好的视觉，以更好地认识世界。

○ 孩子喜欢彩色？NO！孩子对明暗相间的地方最感兴趣

有一次，我经过楼下时，被一只红色的充气球砸到了头。往旁边看去，发现是一个年轻的妈妈想要抛球逗怀里的婴儿玩，不小心砸到了我。

我把球递给这个妈妈，并简单问了几句孩子的情况。这个年轻妈妈很健谈，主动介绍自己叫小玲，孩子刚刚满月没几天。

后来，一起上楼时，我才发现，小玲居然住在我家对面。"对面住的不是李哥吗？"我正在心里想着，小玲就略带惊喜地给了我答案："原来您就是早期教育专家李老师啊，房东经常提起您。"

我放下行李后不久，小玲就邀请我去她家坐坐。这一去，让我感觉到做母亲用心良苦的同时，也意识到，没有正确的关键期知识，很多努力都是白费工夫。

我一进小玲家门，就感觉自己好像进了儿童乐园，到处都是颜色鲜艳的物品。墙壁被涂成蓝色，贴着各种颜色的鲜花、小动物；在婴儿床的周边，系着五颜六色的气球，而上空则悬挂着花花绿绿的音乐转铃。

看到这些，我就明白了，小玲和很多其他家长一样，以为把孩子居住的环境布置得五颜六色，就能让孩子的生活多些趣味，同时也能刺激视力发育。

"你家布置得很漂亮，看得出来，你为了孩子费了不少心思。"我思考了一会儿，然后以这句夸赞展开了话题。

小玲直点头，并向我询问有没有需要改进的地方。

我毫不隐瞒地说了我的想法："我觉得，如果晚几个月给孩子看，可能对孩子的视力发育会更好。"

"为什么?"小玲忽然提高了声音问。

我耐心地告诉她："孩子现在才 1 个多月大，视力发育不完善，只能看一些黑白图案，而且还要等到 2 个月大时才能看清。想让孩子看这些彩色图案，至少要等到他 4 个月大时才行。

"现在，孩子实际上进入了视觉敏感期，黑白相间、明暗反差很大的事物更能吸引他的注意力，这一点在心理学上也已经得到了证实。"

听到这里，小玲才明白是怎么回事。很快，她又有了新的问题："那么，我要怎么办? 要怎么处理这一切呢?"小玲看着四周，有些为难。

我笑了，真是一个性急的妈妈。"没关系的，这些可以保留，你可以多给他准备一些黑白相间、明暗对比强烈的东西，比如国际象棋棋盘、黑白图片、人物肖像画等，你也可以多穿一些黑白相间的衣服。你有没有发现，孩子的眼睛一直盯着我的衣服看?"

小玲略有些惊讶，看了看怀中的孩子，发现他的视线真的集中在我身上。她笑了："我真是收获不小，甚至还找到了吸引孩子视线的方法，真不错!"

我看着这个年轻的女孩，笑了。如果所有的年轻妈妈都能像她一样，努力为孩子创造良好的发展活动，给孩子充足的爱和自由，那这一代的孩子将来必定会比我们优秀得多。

○ 利用孩子喜欢的视觉道具，创造好的视觉环境

朋友搬家，有一批书要送我。无功不受禄，我便早早地来到她家帮她收拾东西，打包行李，顺便挑选一些不错的书。

整理完毕，我和朋友心满意足地坐在沙发上休息。突然，我看到垃圾筒旁边有什么东西在闪闪发光，累得不想去看一眼的我，指着发光的东西直接问朋友："那是什么？"

"哦。"朋友顺着我手指的方向望去，"那是一袋子没有用的光盘，一会儿咱们下楼时顺便扔了就行。"

"光盘吗？"我走过去打开袋子看了看，都还很新，有的光盘连包装都没有拆。我灵机一动："你没有用的话，给我吧。"

"你想要就拿走吧。不过，你要这个干什么？"朋友不解地问我。

"我有用。"我笑了，挑了一些没有刮痕的光盘，和之前打包好的书一起带回了家。

其实，我是要把光盘送给楼下的孩子 John。前几天在小区花园遇到 John，他正兴致勃勃地玩着光盘，还不停地变换角度，一副很有趣的样子。

我很清楚，光盘上能闪现出不同颜色，投射出其他物品的影子。对于孩子来说，是锻炼视觉的好东西。

John 看到光盘果然很高兴，John 的妈妈 Alice 则告诉我："这孩子，最近很喜欢盯着光盘、镜子、大理石面看，我想他一定是从中发现了有意思的事情。"

我笑了，很多时候，大人都以"无用"为理由，阻止孩子做一些实际上对他很有用的事情，这对孩子实在不是什么好事。而 Alice 支持儿子的探索，真是难得。

我说："对孩子来说，这些都是有用的。"我看到沙发上的娃娃，接着说："就像这个娃娃，能让孩子认识到人的五官，这可是重要的

学习内容呢。"

Alice 笑着表示赞同："他喜欢看，我就让他看，不仅要让他看，还会多准备一些东西让他看。那些小镜子、小积木、小圆球，都是我最近给他买的。"

我想到，有些孩子在看到陌生人时会大哭，是因为对人的五官不熟悉，产生了恐惧感。如果眼睛熟悉了五官的形状，这种情况大多都会消失。

在孩子出生后，你可以多给孩子准备一些形状各异的东西，这些东西能吸引孩子的注意力，让孩子通过多使用眼睛锻炼视力，同时也能提升认知能力。

○ 时间参照表，帮你了解孩子视觉发展的过程

对每个孩子来说，正常的视觉发育都要经历几个不同阶段。在这些阶段，孩子会有不同的视觉表现。提前了解这一点，可以帮助父母了解孩子的视觉反应和功能是否正常。

实际上，孩子刚一出生就有了睫状肌，只是强度较差，无法自由发挥眼部的调节能力。所以在这个时候，无论距离孩子近还是远，孩子看到的都只是一个模糊的影像。

一般来说，孩子 1 岁左右，所有成像便完成发育。4~5 岁后，视觉发育才会完全成熟。

在 Amy 2 个月大时，就能感受到黑与白的反差。我发现，Amy 虽然看东西还是有些斜视，但已经能用两只眼快速地交替着看东西了。

而在她 3 个月大时，会一直盯着一个东西看。有时，我会故意把东西从她眼前拿走，她还会转动头部追着看。

Amy 4 个月大时，她不再满足于躺在我的怀里，而是努力挣扎着坐起来。而此时，她白天很少睡觉，总是随意移动头部，到处乱看。

这时，我经常把东西扔到地上，让她根据声音找到掉落的东西。从那以后，Amy 的眼睛能够自由转动，追逐视线内的东西了。

之后到 6 个月大时，Amy 的双眼视觉也已发育成熟，学会了目测。她会估计自己和物体之间的距离，然后转动身体，抓住自己想要的东西。

而面对那些她想要，但是目测下来，感觉距离太远的东西时，她就会叽叽歪歪，使唤我或者她哥哥帮她拿。

此时，我会阻止 Jimmy 直接把东西递给妹妹，而是一点点把东西放近，让 Amy 自己学会抓取。这样一来，她的视力和手都得到了锻炼。

在 Amy8 ~ 12 个月大的时候，我发现，她能上下看东西了。此时，她拥有了和成人一样的视觉，能感受到物体的轮廓、色彩、距离、体积、深度知觉等。

这让 Amy 变得更加活泼了，她喜欢坐着丢东西，总是到处爬行着去拿距离自己远的东西，她的视神经得到了好的发育，而她的身体也获得了更多的锻炼。

1 岁以后，Amy 的成像发育成熟，可以玩一些较精细的玩具了，有时也喜欢模仿我做一些动作。在她 1 岁半左右，似乎是第一次看到地上的虫子，高兴地大叫起来。后来，她还学会了区别简单的形状。

而后一直到 6 岁，Amy 在理解了物体大小、上下、内外、前后、远近等概念后，终于拥有了和我一样的视觉，这真是让我高兴不已。

我明白，孩子的视力需要训练。考虑到视力在生活中的重要性，我一直用科学的方法帮助 Amy 训练，让她看得更清楚、视野范围更宽广。我想这不仅是我，也是广大父母应该为孩子做的。

视觉敏感期李老师给家长的教育启示

在感官中，视觉最先发育，但是在出生后，孩子的视力发育并不完善。进入视觉敏感期后，孩子会对黑白相间、明暗反差很大的事物感兴趣。

此时，父母可以多给孩子准备一些黑白相间、明暗对比强烈的东西，比如国际象棋棋盘、黑白图片、人物肖像画等。等孩子再大些，可以给他准备一些精细的小东西，如光盘、小镜子、小积木等。

孩子的视觉发育都要经历几个不同阶段，父母要了解这些阶段孩子的视觉表现，及时发现孩子视觉发育是否异常，促进孩子视觉的发育。

第 3 章

抓住听觉敏感期，让孩子生活在有声音的环境中（0~2 岁半）

　　0~2 岁半的孩子已经具备了一定的听觉能力，对各种声音非常敏感，喜欢听妈妈用清晰、缓慢、重复、简短的语言对自己说话。此时，可用各种声音刺激孩子听觉的发展。

○ 听力不好？这是误解了听觉敏感期和发展过程

这天，我关上门，在书房里认真思考一场讲座的相关内容。这时，Jimmy 突然慌慌张张地推开门，冲了进来。

思绪被打断，我有些不悦："干吗这么慌张？我不是说了，我在思考，没事不要打扰我的吗？"

Jimmy 有点犹豫，看上去又有点委屈地说："妈妈，Amy 突然哭了，我想哄哄她，可怎么也哄不好。"

这时，我才注意到，客厅传来了 Amy 的哭声。看来是我思考得太认真，连这么响的哭声都没有听到。

"谢谢你，Jimmy，我们一起去看看妹妹。"

或许是听到我的脚步声，Amy 一边哭着，一边把头转过来，看看谁来了。我检查了尿不湿，干干的；又把手放在她嘴边试了试，没有想要吃奶的迹象。

我抱起 Amy，让她的头贴近我的左胸，来回走了几步，Amy 立刻停止哭泣，变得安静下来，认真地看着我。

"妈妈，妈妈，我刚才也试着抱了抱她，可为什么我抱着她，她也哭，你一抱，她就不哭了呢？"Jimmy 很奇怪地问。

我笑了。孩子在母亲体内的时候，就能感受到声音的高低强弱了，所以许多胎教专家提倡多让胎儿听轻柔的音乐，这样在孩子出生后，就会对声音有很强的感受力。

我用尽可能简单的话解释给 Jimmy 听："妹妹在妈妈肚子里时，听到最多的就是妈妈的声音，比如妈妈的心跳声、打嗝声，这些声音让她觉得很熟悉，也非常喜欢。

"现在，妹妹从妈妈肚子里出来了，听不到这些声音，就会害怕，所以才会大哭。而妈妈抱起妹妹，妹妹一听到妈妈的心跳声，就会觉得很安心，也就不再害怕了。"

Jimmy 听我说完，抬起脚尖轻轻拍了拍妹妹的后背，安慰似的说道："Amy，你不要怕，以后哥哥保护你。"

本来，我还想告诉 Jimmy，Amy 现在处在一个重要阶段，让他多照顾一下妹妹。听他主动这么说，我真的觉得很感动。

听觉与其他感觉一样，能帮助孩子从环境中吸收成长所需的一切，促进语言能力、智力的发展，让孩子更好地认识世界。

孩子的听觉发展不像视觉发展那么明显，导致父母都不在意，等到发觉孩子听觉有问题时，已经晚了。

我有个表姐，出生没几天就生了一场大病，多亏了舅妈的精心照顾，表姐才能转危为安。在与打针吃药做伴的日子里，表姐终于度过了 2 岁生日。

原以为表姐语迟，可是过了 2 岁还不会说话这一事实让舅妈很慌张。她带着女儿到医院检查后才知道，女儿听力损伤，已经错过了最佳治疗时机。

后来，表姐虽然经过了治疗，能听到的声音依然十分有限，只好佩戴助听器，对生活、学习以及以后的婚姻育儿都造成了很大的不便。

还好，现在的孩子在出生后 24～72 小时内会接受"新生儿听力筛查"，这样就可能避免因为无知导致孩子的听力损伤得不到及时治疗的情况。

0～2 岁半，是孩子的听力和视力敏感期，一定要有意识地给孩子提供丰富的听觉环境和视觉刺激。这样一来，你就可以打造出一个耳聪目明的孩子。

○ 给孩子能发声的玩具，创造有声音的环境

一听到 Amy 哭，Jimmy 总是不满地说："Amy 真是爱哭，长大后一定不听话。还好是个女孩，要是男孩这么哭，真是丢人。"

这话听他说了几次后，我对他说："Jimmy，你小时候可比 Amy 爱哭，一哭起来就没完没了，怎么哄都哄不好。"

"Really？（真的吗？）"Jimmy 不相信似的瞪大眼睛，确认着。

我重重地点点头，这是事实。

看到 Jimmy 现在这么勇敢的样子，真是难以想象，他四五个月大的时候会那么胆小，有点动静就哭，我和老公在家不管做什么，都要

轻手轻脚的。

有一次，亲戚带着 3 岁的儿子来我家玩，小男孩似乎对 Jimmy 很感兴趣，一直逗 Jimmy 玩，有时居然能听到 Jimmy 的笑声。

我放心地把 Jimmy 放在婴儿床上，然后和亲戚聊起天来，一聊就是一下午。这中间，我除了喂了 Jimmy 两次奶，就再也没有看过他。

等到亲戚离开后，我才察觉到 Jimmy 的异常。这孩子，居然一下午都没有哭，真是打破以往的纪录了。

这时，我发现在婴儿床上，有一只拨浪鼓，看着很眼熟。我想了一下才想起来，那是一个亲戚买给 Jimmy 的，由于第一次摇时，Jimmy 吓得哭了起来，便被我收了起来。

看来，是下午来的小男孩把它翻了出来。

我看了看 Jimmy 一眼，然后小心翼翼地试着摇了摇拨浪鼓。让我惊讶的是，Jimmy 不但没哭，还发出了咯咯声，我知道，那是他表达喜悦的声音。

我很高兴，又多摇了几下，Jimmy 又笑了。

在那一刻，我才明白，Jimmy 那段时间那么爱哭，不是被外界的声音吓到了，而是因为屋里太安静，没有声音供耳朵倾听，所以他才自己制造一些哭声。

明白了这一点以后，我把以前孩子出生时亲朋好友送的玩具找了出来，种类真是不少。我拿出一个音乐盒、一个小摇铃、一个捏一下就会发出叫声的小鸭子，整理干净后，拿到了 Jimmy 面前。

我发现，在听到小鸭子的叫声后，Jimmy 的表情有些僵硬，可能他还不太能接受这种声音。而在听到音乐盒和小摇铃的声音后，Jimmy 高兴得手舞足蹈。

我这才了解到，孩子喜欢有声音的环境，以往害怕，是因为声音刺激有些过大。而在我选择了一些轻柔的声音当作背景音乐后，Jimmy 的情绪也变得更稳定了。

后来，我把这个发现告诉了老公，在 Jimmy 哭泣时，我们便多了一种应对的手段。果然，从那以后，Jimmy 哭泣的次数越来越少了。

现在市面上玩具越来越多，各种针对婴幼儿的电子产品也大受欢迎。实际上，只要是轻柔、动听、悦耳的声音，孩子都是愿意接受的。当然，同一种声音，持续的声音也不要太长，否则孩子也会不耐烦的。

○ 孩子对噪音也敏感，故意制造噪音，锻炼听力

在一次讲座结束后，一位妈妈急匆匆地跑过来问我："老师，我发现我儿子反应迟钝，怎么办呢？"

我让她先不要着急，仔细和我讲讲孩子的情况。从她的口中，我知道她有一个 2 岁大的儿子浩浩，在听到大人的声音后，总是要过一会儿才能反应过来。可是去医院检查时，听力并没有任何异常。

"那么，孩子小时候有什么特殊情况吗？"

她想了想，告诉我，浩浩动不动就哭，这件事情让她很头疼。

有一次，她推着小车，带着哭闹不已的浩浩在小区散步。在经过一家新开业的餐厅时，浩浩突然停止了哭泣。而等走远了以后，浩浩又哭了起来。

她觉得很奇怪，又按照原路返回。发现经过餐厅门口时，浩浩又一次安静下来。她仔细观察，才发现孩子的表情似乎很认真，在专注地听着什么。

当时，餐厅内外人很多，非常嘈杂。她明白了，儿子是喜欢听噪音。

从那以后，她就每天都带着儿子听各种噪音，去超市、去菜市场、去各种人多的公共场合，儿子哭泣的次数果然越来越少。

可是，问题也出来了。儿子似乎只对噪音感兴趣，对于妈妈的话，总是一副充耳不闻的样子。即使有时候和他说了好几遍，他也会一再发问："什么？"

我明白，浩浩是开始对噪音敏感了，她的妈妈注意到了这一点，也愿意让他听各种噪音，虽然出发点是为了阻止孩子哭泣，但毕竟也起到了一定的积极作用。

只是，浩浩妈妈对孩子的听力发展过程不熟悉，所以才会误以为孩子反应迟钝。为了验证我的想法，我让浩浩妈妈第二天带着浩浩来

我的工作室。

果然，在隔音效果很好的工作室，对于我的问题，浩浩都能很快回答出来，反应一点儿也不迟钝。

浩浩妈妈当时就愣住了："好奇怪，在家里明明不是这样的。"

我告诉浩浩妈妈："当我们在外面时，即使再吵闹，也能听到想要听的声音，因为我们会忽略环境中与自己无关的声音，专门听那些我们需要的信息。

"但是孩子不一样，他无法将外界的声音与你的声音分开，也就是说，他分辨不出来哪些是你说的，哪些是外界的背景音乐，所以才会显得反应比较迟钝。

"如果我没有猜错，你家周围的环境应该也比较吵闹。而在我这里，几乎听不到外面的声音，所以孩子根本不用分辨声音，就能回答我的问题。"

听我说完，浩浩妈妈才明白，是自己误解了孩子，并向我询问了一些训练孩子听力的方法。

在孩子对噪音敏感时，给他制造一点噪音，可以帮助孩子的听力发展。但是，噪音一定不能过大，否则会让孩子心绪不宁，更没有心情练习听觉了。

最好的方法是，在家里制造一些噪音，比如，和孩子说话时，打开电视或音乐播放器，然后让孩子努力听你在说些什么。如果孩子认真听了，但仍然没有听清，就把音量调低一些，直到孩子能听清你在说什么。

然后，再一点点提高音量，让孩子对声音的提取和辨别能力一点点得到提升。记着，欲速则不达，千万不要让噪音影响了孩子的正常听觉发育。

○ 孩子喜欢妈妈用清晰、缓慢、重复、简短的语言说话

老公经常笑我，在对孩子说话时，总是会变得非常幼稚可笑。短短的一句话，声音拖得很长，还总是一遍遍重复。

我一点也不生气，并在脑中谋划起一个"阴谋"，我对他说：

"孩子喜欢这种声音呢。不信,咱们打个赌,下次见到不认识的孩子时,各自用各自的声音说话,看孩子喜欢听谁说。输的人,负责打扫客厅一周。"

"好!"老公毫不犹豫地答应了。

我心里非常得意:我那种腔调是"妈妈腔",孩子对"妈妈腔"的喜爱已经经过证实了,他喜欢听你那粗犷的声音才怪。

不久,机会就来了。老公同事邀请我们去他家做客。在他家中,我们看到了 3 岁的男孩然然。当时,他正在玩积木。

老公决定先进行挑战,他蹲下来,指了指积木,用正常的语调问道:"然然,你想拼成什么图案呢?"然然看了老公一眼,没有说话。

后来,老公又试了几次,然然始终没有说一句话。

轮到我时,我坐在了毯子上,拿给一块积木,用轻柔、缓慢的声音说:"这是积木啊,是三角形的积木,你看,多有意思啊。"

然然停下来,看了看我手中的积木,有点不太理解的样子。我又一次说了一遍:"这个三角形,三个角,三角形的积木,1,2,3。"边说边比画着。

然然笑了,重复了一遍:"三角形。"然后拿过我手里的积木,模仿我刚才的样子比画着,"1,2,3。"说完,抬头冲着我笑。

"真棒!"我夸奖了他一句,然后抬起头得意地看了老公一眼。

有很多妈妈认为,当了妈妈,自然会用"妈妈腔"说话,实际并不是这样。"妈妈腔"不是嗲声嗲气地说话,也不是故意吐字不清,而是努力把语言说得简单亲切,引起孩子倾听的兴趣。

孩子愿意听,才能让亲子之间进行有效的沟通,创造和谐的亲子关系,同时促使孩子的听觉能力以及语言表达能力得到发展。

曾经有很多妈妈问我:"什么样的腔调才能算是真正的'妈妈腔'?"由于经常回答这个问题,而我也专门写过一篇文章论述,所以我每次都能很快回答出来。

"我们和孩子说话时,目的是要让他听懂,但孩子的理解能力有限,所以在和他们说话时,要尽可能使用简短的句子。比如,你与其对孩子说'妈妈昨天买的水果不知道宝宝喜欢哪一种',不如直接拿着水果问他'你要吃哪个'。

"同时，说话内容也要尽可能具体，尽量少用抽象词。比如，你问孩子：'你爱不爱妈妈?'孩子很可能会反问：'爱是什么? 听不懂。'

"在语速上，尽可能慢一点，孩子从听到到说出来，需要一个过程，你说话语速过快，孩子是反应不过来的，这样的交流也不会有什么意义。

"而且，如果你发现，尽管你的语速慢下来了，孩子还没有听懂的话，你就多重复几遍，这样能让孩子听懂，也能让他记忆深刻。

"这样说，可以使你的话富有音乐感，使孩子注意力更集中，反应也更积极。语言是孩子认识世界的工作，你说得越清晰，孩子越容易分辨和模仿，并为学好语言做好准备。"

事实确实如此。做过妈妈的人都知道，"妈妈腔"不仅能安慰孩子、帮助孩子建立安全感、促进语言学习，还能形成良好的亲子关系，何乐而不为呢？

听觉敏感期李老师给家长的教育启示

听觉能帮助孩子从环境中吸收成长所需的一切，促进语言能力的发展，并引导孩子发展智力、认识世界。

0~2岁半，是孩子的听力和视力敏感期，父母要有意识地给孩子提供丰富的听觉环境，如给孩子能发声的玩具，用清晰、缓慢的"妈妈腔"重复简短的话语等。

而当孩子对噪音敏感时，不妨制造一些有限度的噪音，如电视声、音乐声，引导孩子在噪音中分辨父母的话。

第 4 章

口腔敏感期， 放心让孩子 "品尝" 世界的味道 （0~2 岁半）

在口腔敏感期里， 孩子会用口扩展自己的味觉、 触觉， 用口接触和探索周围的事物， 并寻找一切可能的机会不断练习使用牙齿和舌头， 熟悉口的功能。

○ 0~2 岁半孩子的口腔不简单，肩负着认识世界的重要使命

我很早就阅读了敏感期书籍，在儿子 Jimmy 出生后，我更是一边阅读、一边观察，同时也将书中的知识用于实践。

我曾在一本书上看到，在孩子刚出生的头几个月，还不能意识到自己和妈妈是分开的两个主体，所以在孩子饿了以后，妈妈要及时喂奶，否则会让孩子对世界缺乏信任感和安全感。

我也是这样做的。孩子确实比较有安全感，睡觉时也很少醒来。可是新的问题发生了，Jimmy 在两个月以后，仍然没有吃手。

从孩子出生那一刻开始，就已经会用嘴吃奶了。实际上，除了吃奶，孩子的嘴还是探索世界的重要工具。通过嘴可以获得味觉和触觉，这是认识世界、和世界建立密切联系的重要条件。

吃手，预示着口腔敏感期的到来，也是我一直期待发生的事情。

后来，我认真反省了一下，并且和许多同事做了交流。最后，我得出一个结论，我在给孩子喂奶方面做得太好了，结果导致 Jimmy 没有机会用嘴探索。

等到 Jimmy 再次饿了的时候，我没有立刻喂奶，而是故意让他等了一会儿。直到他哭出声来，我才把他的手放进他的嘴里。Jimmy 立刻吮吸自己的手指，吃得津津有味。等我拿开手，他的小手就从嘴里掉了出来。

Jimmy 很着急，又哇哇大哭起来，我只得再次帮他把手放进嘴里。持续了一会儿，我又把手拿开，结果这次，Jimmy 的手在嘴里坚持了一分多钟，才掉出来。

后来，我们就这样反反复复做了好几次，Jimmy 也哭哭停停了好几次。不明状况的老公几次过来一探究竟，最后索性坐到一旁，看我到底想做什么。

最后一次，当 Jimmy 的手又从嘴里掉出来时，没有等我帮忙，他就努力抬起胳膊，将手放进了嘴里，吮吸起来，一副心满意足的样子。

老公在一旁提醒说："这样他就能吃饱了吗？"我这才发现，自

己差点把喂奶的事情忘记了。让我惊讶的是，这一次，孩子吃奶时吮吸得特别起劲。

以后的日子里，Jimmy 不断地尝试把手放进嘴里。我很高兴，他的口腔敏感期终于补上了。

在 Jimmy 3 个月大的时候，口腔敏感期的反应也越来越明显。他开始抓各种东西往嘴里送，感觉它们的形状、质地、味道等，而且每次都"品尝"得津津有味。

一些人知道了我帮助 Jimmy 的这段经历后，总是不理解："不吃手不是更好吗？"不是这样的。如果孩子的口腔在 1 岁前没有得到充分满足，以后会出现补偿性的反应，乱吃东西不说，还可能喜欢咬人，甚至养成贪吃等坏习惯。

孩子是用口腔认识世界的。不要打扰孩子的探索，要给孩子提供好的探索工具，让他在增加对世界的认识的同时，也满足自己的心理需要。

○ 孩子喜欢"尝"东西，实际是在探索

我去妹妹家看小石头，刚进家门，就听到妹妹慌慌张张地惊叫道："哎呀，你怎么能吃海绵呢？快吐出来！吐出来！"

我走近一看，立刻明白了是怎么回事。沙发的靠垫开线了，里面的软海绵露了出来，结果被好奇的小石头吃进肚子里了。

我从妹妹手中拿过靠垫看了看，上面只少了一丁点海绵。然后又对着一脸懵懂的小石头"啊啊"叫了几声，趁小石头张大嘴模仿我的时候，我看了看，海绵不在嘴里了。

"别叫了，海绵已经被小石头吃下去了。"我平静地说。

"那怎么办？"妹妹有点着急。

我说："没关系，他就吃了一点点，会跟着大便排出来的。你要是不放心，这几天就注意看看他有没有什么不良反应，我觉得问题不大。"

听我这么说，妹妹才放下心来，埋怨道："这孩子，最近不知道怎么了，见什么都往嘴里放，也不管能不能吃，干净不干净。我天天

盯着他，提心吊胆的。"

我没有理会妹妹的话，而是小心而又仔细地观察小石头的下一个动作。也许是刚才被妈妈吓到了，小石头在发愣。

突然，他看到了茶几上放着的一盘李子，表情变得有些兴奋起来，一副想要抓住李子的样子。我笑了笑，拿了一个李子给他，他立刻显示出满意的神色。

小石头拿起李子，有点困惑地看了看，然后毫不犹豫地咬了起来。没多久，李子皮就被他的牙床蹭掉了一点点，而他则一皱眉，显然被酸到了。

小石头没有放弃，尝试着把整个李子塞到嘴里。可是对他的嘴巴而言，李子太大了，他只好一次次尝试，一次次失败。

这时候，妹妹发现了小石头的举动，又要去阻止。我立刻说："让他继续尝试吧，他感觉满足了，会放下的。"

果然，没过多久，小石头就对李子失去了兴趣，转而去"品尝"其他东西了。

"姐，你说这样正常吗？"妹妹疑惑地问。

我回答说："这很正常，孩子现在正处在口腔关键期，所以他才会用嘴咬东西，这是一种探索，是为了积累认知经验，发展自我能力。如果孩子不知道用嘴咬东西，那才让人操心呢。"

虽然我这么说，妹妹似乎还是有些担心："可是那多不卫生啊。而且，小孩子什么都不懂，万一吃到了有毒的东西怎么办？"

我安慰她："那也不能阻止孩子，要是现在不让孩子尝试，即使这个阶段过了，孩子还是会吃手的，长大后还容易变得贪吃，养成各种恶习。

"你要是不放心，就多注意家里的卫生，多给孩子洗手，同时把小纽扣、洗涤剂之类的东西全部收起来，不要让孩子看见。"

妹妹有点无奈地问我："那他要吃多长时间啊？"

"这个我也说不准，"我不想欺骗她，只好实话实说，"每个孩子的情况不一样，持续的时间长短也不一样。与其这么担心，不如给他提供一些干净卫生的东西让他咬，最好是不同材质、不同形状的东西，让孩子能探索更多的东西。"

听了我的话，妹妹重重地点了点头。

现在，小石头才 8 个多月大，即使妹妹和他说"这个东西不能吃"，他也听不懂。只能等孩子长大一些，再告诉他哪些东西可以尝，并教他学会保护自己。

口腔敏感期是很奇特的，即使因为父母的阻止错过了，也会再次出现。与其如此，不如一开始就给孩子提供自由安全的尝试机会，让孩子自由探索，顺利度过口腔敏感期。

○ 咬手指很正常，孩子是在练习使用牙齿和舌头

我和一个记者朋友约好在公园见，拍几张照片放在专栏上。在等待的期间，我和坐在同一条长凳上的妈妈聊了起来。

"天气又不冷，为什么要给孩子戴上手套呢?"我看了看婴儿车里的孩子，有些不解地问。

"这孩子，最近老喜欢吃手。每次醒着的时候，总是不断把手往嘴里送。吃不到的时候，她还着急得哇哇大哭。

"前段时间，因为吃到手上的脏东西，孩子腹泻住院了。我思前想后，除了戴手套，想不出其他方法不让她吃手了。"

我很理解这位妈妈的心情。孩子生病住院，是每个妈妈最焦心的时刻，恨不得替孩子生病，替孩子打针吃药。现在，我的儿女都过了动不动就生病的年龄，我的想法还是没有改变。

但是，如果因此就给孩子戴上手套，会让孩子的口腔敏感期滞后，也就相当于推迟了孩子探索世界的能力，会影响智力发育，还可能让孩子变得爱咬人。

我对那位妈妈说："对婴儿来说，吸吮是一种本能般的需要。如果孩子渴望吸吮的愿望没有得到满足，他就会想办法自给自足，最方便的方式就是吃手。你要做的，不是阻止孩子吃手，而是帮助孩子满足吮吸需要。满足了以后，孩子就不会吃手了。"

后来，我和那位妈妈仔细说了满足孩子吮吸欲望的手段。在说的过程中，我发现周围有个年轻男子也在很认真地听，直到我说完，他才自我介绍。

"我是和您约好的记者小周，在采访前，我有个私人问题想请教您。我儿子现在都 1 岁了，还喜欢吃手，尤其是他妈妈外出时，有时会吃上一整天。"一上来，小周就迫不及待地问我。

我很清楚，6 个月前，孩子吸吮手指完全是为了满足吸吮的需要。之后，如果还不停地吮吸，就可能是为了自慰。

我对他说："可能你儿子在情感上比较脆弱，对爱比较渴求，当孩子妈妈不在身边时，孩子就会感觉害怕，担心妈妈会离开自己，便利用吃手来安慰自己。"

"可是有的时候，我和妻子明明都在孩子身边，他为什么还吃手呢？"果然是记者，抓住一个问题就会问到底。

我笑了："不仅是在亲人离开时，在孩子感觉疲劳、紧张或者心情不好的时候，他也会吃手，都是为了从中得到慰藉。"

后来，我安慰小周，对于孩子吃手的问题，不用过于紧张，我认识的孩子中，有的孩子到了五岁还吃手，现在照样成长得很好，把自己吃手的经历也早就忘记了。

我建议小周多抱抱孩子，多给孩子一些关心，同时让孩子多接触各种东西，体验大自然的美好，以此吸引他的注意力，避免因为无聊而吃手。

其实，对于孩子吃手的问题，父母完全不用过于担心。孩子的大脑发育不成熟，吃手是正常的。只有这种吮吸的欲望得到满足，孩子才不会缺少安全感。

当然，如果孩子把吃手当成了习惯，就要先分析其中的原因，对症下药，温柔地让孩子改掉这种习惯。

○ 孩子突然咬人没恶意，满足口腔需要便会消失

有一次，我陪一个朋友在商场挑选婴儿用品，她 6 个月大的儿子也躺在婴儿车里和我们转了一圈。

在母婴室给孩子喂奶时，朋友不经意地叫了一声。"怎么了？"我关切地问道，随即反应过来，"是孩子咬你了？"

朋友看着儿子，满脸笑意地说："是啊，这孩子看来是要长牙了，

喂奶的时候，总是不经意地咬我一口，等牙齿长出来就好了。"

我笑了："是啊，孩子要长牙或者嘴里不舒服时，咬点其他东西会让他舒服点。孩子这么小，即使告诉他不要咬，他也听不懂。

"不过，你也不用忍着，一会儿我们带孩子买个他喜欢的牙胶，再买点能咬的玩具，让他有东西可咬，这样能尽快满足孩子的口腔需要，也能让你少被咬。"

朋友点头表示同意。

在孩子 1 岁前，牙齿和舌头都在不断发育，你会发现有段时间孩子特别爱咬人或咬东西，那是因为孩子要满足口腔需要，缓解不适。

而在这之后，孩子有可能还会出现咬人的情况。这种情况，在我儿子 Jimmy 身上就出现过很多次。

那时，Jimmy1 岁多点，每次兴奋的时候就会咬人。有一次，我一个朋友来看他，给他带来了一个汽车玩具。Jimmy 很喜欢，便咬了朋友一口。

朋友显然吓了一跳，那表情被 Jimmy 看到了，他显得很疑惑，我知道，他心里或许在嘀咕："我是高兴才咬你的，你为什么露出这种表情？"

我装作严肃地对 Jimmy 说："Jimmy，咬人疼，不要咬人。"同时，我还让朋友装作很疼的样子，用肢体语言让 Jimmy 明白，没有人喜欢被咬。

Jimmy 虽然听不懂，可是看到我和朋友的表情，也知道咬人不对。这样几次下来，Jimmy 就很少在兴奋的时候咬人了。

在幼儿园里，有一段时间，我会经常看到 2~3 岁的孩子咬人。最初，我没有在意。后来这样的次数多了，我察觉到，孩子是因为心情低落或者想让别人服从自己才咬人的。

菲菲就是这么一个孩子。菲菲的好奇心特别强，看到别人玩什么，她也要玩什么，这本没什么，可菲菲偏偏爱玩别人手上正在玩的那个。

一次，菲菲想要玩小乐手上的铲子，小乐正玩得高兴，当然不愿意把铲子让给菲菲。于是，菲菲就在小乐的胳膊上咬了一口，差点咬破皮。

看到小乐哇哇大哭，菲菲才意识到自己刚才做了什么，一副不知所措的样子。

我很清楚，这是因为菲菲在口腔敏感期时，口腔没有得到充分的满足，所以才会又一次出现想要咬东西或者咬人的欲望。

以后，我们都尽可能地照顾菲菲，让她尽快补足口腔的需要。经过大约两个月后，菲菲咬人的情况彻底消失了。

事实上，很多孩子在3岁前都曾有过咬人的经历，你完全不用过于担心。随着年龄的增长，这种行为也会渐渐消失。

如果孩子在3岁后还经常咬人，很有可能是孩子不能控制情绪，或者说在表达情感方面出现了障碍。此时，就需要带着孩子寻求专业的指导和帮助。

口腔敏感期李老师给家长的教育启示

孩子是用口腔认识世界的。在口腔敏感期到来时，孩子会出现吃手、抓各种东西往嘴里送、咬身边的东西，甚至是咬人等行为。

这是孩子在用自己的方式探索，父母不要打扰，而要给孩子提供好的探索工具，让他在增加对世界的认识的同时，也满足自己的心理需要。

这样，孩子就能积累认知经验，发展自我能力。如果孩子得不到满足，这个敏感期就会往后推迟，直到孩子得到满足为止。

第5章

手的敏感期，在抓、捏、扔的过程中锻炼手指（0~2岁半）

孩子突然变得爱打人，打爸爸妈妈的脸，抓妈妈的头发和眼镜，给他什么玩具他都乱扔。这不是孩子变得调皮了，而是他进入了手的敏感期，开始用手探索和认识世界。

○ 0～2 岁半孩子的手有敏感期，看看动手能力的发展过程

在口腔敏感期后期，手的敏感期也来到了。在这个特殊时期，你会发现，孩子最初握成一团的小拳头，慢慢张开，能抓东西，能打人，还能捏起很小的东西。

这真是一个神奇的过程！这些点点滴滴的进步，不仅说明孩子学会使用手了，也说明孩子的大脑正在发育，内在的世界正一点点建造起来。

我想起教育家陶行知先生曾经作过一首儿歌："人有两个宝，双手和大脑。双手会做工，大脑会思考。用手又用脑，才能有创造。"这首儿歌充分说明了大脑和双手之间的密切关系。

一位从医的朋友也曾告诉我："大脑的发育可以使手的动作得到发展，而手的动作也能帮助大脑得到更多发展。"

我相信，一个在手的敏感期能很好地使用手的孩子，也会有一个聪明的头脑。

当然，手的发展也经历了一个比较漫长的阶段。如果父母不了解这一过程，做出什么不当的事情，也就很可能影响孩子的大脑发育。

以女儿 Amy 的手的敏感期为例，很容易看出孩子在各个时间段手的发展，也能清晰看出父母应该怎么做。

在 Amy 刚一出生时，手就具有抓握反射，对于我们放在她手里的东西，就能立刻抓住。但是到了第二个月，Amy 的手反而没有力气了，也抓不住什么东西。此时，她的小手总是半开着，我知道，她正在从被动抓握向主动抓握发展。

3 个月左右时，Amy 开始玩自己的小手，挣扎着想要去拿周围的东西，但由于距离判断错误，总是失败。

4～6 个月时，由于视力发展较快，Amy 会主动抓东西，虽然手指还不是很灵活，但小手的目的性和方向性更强了。

7～9 个月时，Amy 用一只手就能把她喜欢的小海豚玩具拿起来，还会用指尖抚摸它，有时会用拇指和食指捏住小海豚的背部，把它提起来。

10～12 个月时，捏起东西对 Amy 来说已经易如反掌，而且，让我惊喜的是，Amy 居然能用两只手握住彩笔，在纸上画一些线条。而有一次我把书放在她身边时，她居然连续翻了几页。

1～2 岁时，Amy 的小手非常灵活，只要是能够得到的东西，包括需要爬着去拿的东西，她都会努力去拿，还经常把家里东西扔在地上，一次又一次，不知疲倦。而她的玩具，更是备受欺凌，被压、拍、捏得不成样子。

2～3 岁时，Amy 迷上了玩积木，学会了画画，在有一次看到我折纸后，居然在一天练习折了 100 多个三角形，让我特别惊讶。而且，Amy 还学会了自己穿衣服、吃饭，只是由于动手能力较差，用的时间比较长。

手是孩子最好的感知工具，而每个孩子都会经历手的敏感期，如果不能顺利度过，孩子手的能力就不能得到充分开发。每当我看到不会拴绳索的人时，总是怀疑他在手的敏感期受到了阻碍。

所以，你要了解孩子的手，了解这些小手要经历怎么样的努力和挑战，尽可能地帮助孩子，让他手的能力最大限度地开发出来。

○ 孩子喜欢抓、捏、扔东西，体验手的功能

一次，我看到一个 2 岁左右的小男孩，自己一个人蹲在地上玩着什么。走近一看才发现，他正拿着一个塑料瓶盖，玩得不亦乐乎。

只见小男孩抓起瓶盖，然后松手扔掉，接着再抓起来，然后再次松开小手扔掉……反反复复，直到他感觉玩够了，才停下来。

看我一直注视着小男孩，在一旁坐着的小男孩的妈妈看到了，笑着和我搭讪："很有意思吧？我儿子对各种盖子特别感兴趣，在家总喜欢掀锅盖，总是盖住，拿起来，盖住，拿起来。孩子不哭不闹，我也就随他去。"

我看着这个看似懒惰的妈妈，心想："这种放手对孩子来说真是一件天大的好事，要是有更多的妈妈懂得这么做就好了。"

有一次我主持妈妈会时，一个妈妈带来了不到 1 岁的儿子。这个孩子在妈妈怀里哭闹不已，使得我们根本没有办法交流下去。

我站起来，从那个妈妈怀里接过，还没过一分钟，那孩子就安静了下来。可一旦我把他交给他妈妈，他又哭闹起来。

没办法，我只好抱着这个孩子。后来，当我抱着他经过镜子旁边时，我才发现，孩子正在专心致志地捏起我身上的毛线球。

原来如此！难怪他愿意让我抱，不是因为我的怀里温暖，而是因为衣服上细小的毛线球吸引了他的注意力。

我知道，这个孩子进入到了捏起细小东西的阶段。我把这个发现告诉了孩子妈妈，并且告诉他妈妈，孩子现在喜欢用拇指和食指配合捏取东西，并建议她在家里多给孩子准备一些方便捏取的东西。

这时，另一个妈妈说话了："我儿子最近在吃东西前，总要捏一捏。香蕉、草莓都被他捏得黏糊糊的，我都不忍心看，可他却吃得津津有味。

"有一次，儿子又在捏面条。我为了阻止他，把碗端到了一边。结果，他居然扔下筷子，用小手追着我打。"

"是啊，是啊。"穿粉红衣服的妈妈说话了，"我儿子也曾经那样做过，不过现在他对捏东西已经不感兴趣了，现在喜欢不停地插吸管、开门关门、关拉抽屉。不让他玩，他就抗议，真是不知道怎么办才好。"

我沉默了。面对孩子的一些行为，很多父母不了解，还用成人的标准对这些行为进行干涉。孩子的成长本来就充满了重重困难，这些干涉更增加了孩子成长的难度。

孩子喜欢用手去摸、抓、捏、扔、拽，在大人看来，这些根本没有什么意义，但却是孩子探索世界、区分事物差别的手段。

孩子进行这些活动，是天性使然。不让孩子活动，就等于不让孩子思考、阻止孩子的大脑发育。错过了手的敏感期，孩子感受世界的能力就会变差。

我把我的观点说了出来，并建议那些妈妈给孩子提供更大的活动空间，并且保证消除空间里的安全隐患，孩子想抓就让他抓，想捏就让他捏，让他顺利发挥手的功能。

第 5 章

○ 用手打人，不是爱暴力，而是想以此引起注意

前几天，我收到一封电子邮件，是一位年轻爸爸发来的，他在信中写道：

我女儿不到 2 岁，却非常热衷于打人，平时我或妻子抱她时，她不是打我们的脸，就是打头，或者狠狠地拽妻子的头发。

妻子说，这是正常现象。而爷爷奶奶或其他人逗女儿玩时，她也会先温柔地抚摸对方的脸，然后趁人不备，狠狠打一下。

爷爷奶奶觉得孩子这样很可爱，经常把脸凑过去让孩子打。结果，孩子现在打人打上瘾了，每天不打人都不行。

我想抓着他的小手打几下，让他知道被人打会很疼，可是一家人都拦着。孩子为什么喜欢打人？我要怎么帮她改掉这个坏习惯呢？"

看到孩子打人，很多父母都担心孩子以后会变得很暴力，这种担心大可不必。0～2 岁的孩子正处于手的敏感期，"打人"是敏感期的正常行为。

一般来说，孩子在 9 个月大时，手腕到上臂的支配能力会迅速发展，孩子偶然学会了打人，发现这一行为能锻炼肌肉。于是，孩子便会乐此不疲地打人，以锻炼自己的肌肉力量。

我给这位年轻的爸爸回信说：

孩子打人是正常的，原因也是多种多样的。有的孩子打人，是为了锻炼手臂；有的孩子打人，是为了吸引注意力，让父母更关心自己；有的孩子打人，是因为想要表达思想和无法控制情绪。

孩子的打，只是一种手部的拍打，与具有攻击性的"打人"是两种概念，你完全不用过于担心，孩子打人不等于使用暴力。

看得出来，你们一家人对孩子都很宠爱，但是这种宠爱，也是造成孩子爱上打人的原因之一。

通常，我们都知道，如果我们对一件事情过分关注，这件事情就会更经常地发生。在对待孩子打人的事情上，伸出脸让孩子打，就等于是鼓励孩子打人。

也有一些父母，在看到孩子打人后，就会不断地提醒"不许打

人"，这样反而让孩子误以为打人能获得更多关注，从而把打人作为吸引别人注意力的手段。

这是我给你的第一个建议，对于孩子的打人表现，不要过分关注，同时多陪伴孩子，给孩子更多的关心和爱。

其实，要解决孩子打人的问题，最好是知道她打人时心里的想法是什么，这样能更有针对性地引导和教育孩子。

比如，孩子打人时，你可以看看当时所处的环境，找到可能导致她情绪不好、打人的原因，说不定就能猜中她的心思。

然后，再帮孩子化解这个不良因素，告诉她正确的做法。这样一来，孩子就会知道自己该怎么做了。

还有一点要注意，不要在别人面前提起孩子爱打人的事情。我认识一个妈妈，经常在别人面前说孩子爱打人，结果，孩子变得越来越爱打人。

你要多尝试着理解孩子，在孩子打人后，可以先向对方道歉，然后平静地离开。不要试图和孩子讲道理，你会发现，那根本没用。

希望我说的这些，能帮助孩子尽快改掉打人的习惯。

孩子虽小，做事情时也会追求意义，如果打人的行为得不到外界的关注，他便会自动放弃这种行为。所以，如果你家孩子也打人，你可以假装不在意，同时给他更多的爱，让他不再打人。

○ 遇到水、沙子就高兴，那就让孩子尽情地玩

在 Jimmy 小的时候，有段时间我带着他一起在纽约出差。当时一切从简，家里的玩具也并不多，数量最多的，就是各种沙滩玩具、玩沙工具。

每天下午，邻居家的孩子 John 都会在门外大喊一声，Jimmy 便拎着小桶、小铲等朝门外跑出，可怜的我穿上拖鞋急忙追出去。

在我家附近，有一片海域，John 和 Jimmy 特别喜欢在海滩上玩。John 比 Jimmy 大半岁，也很会照顾人。即便如此，我和 John 的妈妈都会跟着，孩子的玩沙时间，也是我们的聊天时间。

一到海边，Jimmy 和 John 就会脱掉衣服，光着小屁股埋头在沙滩

上玩，用小桶装海水，用小铲挖沙子，堆出各种各样的形状，完全无视我们的存在。

当时，我正在学习关于敏感期的相关知识，也知道对所有孩子来说，玩水、玩沙是一件非常有趣的事情，虽然我现在已经体会不到其中的乐趣了。

而此后不久，我家发生了一次水灾事故，也是由于 Jimmy 玩水造成的。

那天，我在院子里清理垃圾，留 Jimmy 一个人在屋里玩。可能是看书太无聊了，小家伙放下书，开始在屋里漫无目的地转悠。

突然，Jimmy 发现了洗手池。那个洗手池是专门为孩子设计的，与 Jimmy 的身高正好相符，所以 Jimmy 平时很喜欢在那里洗手。

Jimmy 把水池的漏水孔塞住，拧开水龙头，开始玩水。由于玩得太高兴，水从池子里溢出来他也没在意，而是继续玩着。

不知道玩了多久，Jimmy 好像玩累了，直接爬到自己的小床上睡觉，而水龙头就那么一直开着。

直到我进门发现地板上全是水，循水声望去，才发现水龙头没有关。再看看 Jimmy，躺在床上睡得正香，完全不知道自己闯了多大的祸。

不过，我并没有因此限制 Jimmy 玩水玩沙。在我看来，玩水玩沙能锻炼孩子的手臂和各种感觉器官，同时也是他追求快乐、满足心理需求的重要途径。

想想看，玩沙时，孩子不管是用铲子铲沙子、拍沙子，还是用手把沙子聚拢，都可以锻炼手臂上的肌肉群，增强对手的控制力，让肢体动作更协调；而当孩子用手接触到沙子和水时，能敏锐地感觉到两种物体质地的不同，感觉也越来越灵敏。

说到满足孩子的心理需求方面，在孩子独立的过程中，控制的欲望会越来越强烈，通过控制水和沙子，孩子能发现自己的控制力，获得满足感和成就感，心情也会更加愉快。

而且，还有很重要的一点是，水和沙子还能开发孩子的创造力。在孩子的手中，水和沙子的玩法多样，想怎么玩就怎么玩，刺激孩子的无限创意。

　　水和沙子是大自然赐予孩子最好的礼物，在孩子想玩时，就放手让他尽情玩吧，这对孩子的成长是非常有帮助的。

手的敏感期李老师给家长的教育启示

　　在口腔敏感期后期，手的敏感期也来到了。在这个特殊时期，孩子学会使用手，内在的世界也一点点建造起来。

　　手是孩子最好的感知工具，而每个孩子都会经历手的敏感期。父母要尽可能地帮助孩子，让他的手的能力最大限度地开发出来。

　　父母最好给孩子提供更大的活动空间，并且保证消除空间里的安全隐患，引导孩子不断地练习抓、捏、扔等，支持孩子玩沙玩水，在孩子打人时，多给予关注，让他顺利度过手的敏感期。

第6章

行走敏感期，让孩子学会用自己的腿走路（0~2岁半）

　　在行走敏感期，孩子开始探索自己腿脚的功能，尤其喜欢做富有挑战性的事情——爬坡、走不平路等，这是孩子在发展自己的行走能力，父母只需笑着在一旁提供保护即可。

○ 0~2 岁半认识行走敏感期，了解孩子学步"四步走"

有个网友曾告诉我，她女儿最近能蹒跚着走路了。可是由于自己身体不方便，出行要坐轮椅，无法保证女儿的安全，便一直把女儿关在家里。

丈夫虽然提议找个保姆帮她照顾女儿，可是她不放心保姆。可同时，她又担心影响了女儿学走路，问我应该怎么办。

看了这个网友的留言，我很清楚，她的女儿进入了行走的敏感期。也就是说，孩子开始学习走路了。

一般来说，孩子在 6 个月大时，就不太喜欢躺着，总是尝试着想要坐起来；随后，又开始练习爬行；而当他 8 个月左右的时候，开始挑战站立，喜欢让大人扶着他蹦跳；等到 11 个月时，孩子开始姗姗学步，并且能够独立行走。

在这个阶段，孩子对"走"这一行为非常热爱，只要他愿意，似乎可以永远走下去，而且不会觉得累。这说明，孩子的行走敏感期到了。

我告诉网友，孩子现在只是刚刚进入行走敏感期，以后，她还会想要练习上下坡、爬楼梯，喜欢走在各种不平的路面上，体验行走给自己带来的乐趣。

我们成人走路，一般是为了到达某个目的地，可孩子不同。孩子走路只是为了练习，而在走的过程中，孩子增加了对世界的了解，也让自己的心智渐渐健全起来。

如果一直把孩子关在家里，或许可以保证孩子的安全，但却无法满足她对行走的渴望，很有可能影响她以后的行走，影响她对世界的认识，影响她的心理健康。

后来，我还告诉网友，在女儿 Amy12 个月左右时，我因为脚部受伤没有办法陪她走路，专门请婆婆过来照顾她。

我欣喜地看到，当她能够走到自己喜欢的东西面前，拿起那样东西时，脸上洋溢着幸福的微笑。我也很庆幸，没有因为自己的身体状态影响她的正常发展。

当孩子学会走路后，活动范围必然会相应扩大。如果待在房间里，孩子的精神也会受到压抑。我建议她花点心思，找一个合格的保姆照顾女儿，这对女儿才是最好的。

后来，这个网友告诉我，他们找到了一个很有爱心的保姆。每天，保姆都会带着女儿到楼下探险，女儿走着，保姆跟着。她说，这是她见过的最美的画面。

我很高兴，并且告诉她，以后，女儿会向她展示更多的美丽和感动。

我经常在公园碰到那些蹒跚学步的孩子，后面总是会跟着一个略显疲惫的大人，小凡就是这样的孩子。

小凡是个特别喜欢走路的孩子，奶奶天天在他身后追着，有时一声不语，有时则用话语阻止："孩子，慢点"或者"别走了，歇歇吧"，可小凡根本无动于衷。

后来，突然有一天，这种声音消失了。取而代之的是小凡撒娇的声音："抱抱！抱抱！"每当这个时候，奶奶总是无奈，也很不解：这孩子，怎么回事啊？

我很清楚，小凡行走的敏感期过去了，所以才会用各种理由钻回奶奶或者父母的怀抱。这是正常的，不久，他就会进入下一个敏感期。

通常，孩子学步会经历4个阶段。你需要提前了解每个阶段的特征，才能有针对性地给孩子提供好的帮助。

孩子在摇摇晃晃之后，会找到走的感觉，开始用一只手扶着周围的支撑物站立，接着能依靠自己的力量站起来，还能站得比较稳。

然后，孩子开始练习下蹲。最初，为了保证平衡，孩子会用一只手扶着墙壁、大人及其他一切支撑物，单手捡地上的东西并站起来，有时甚至可以不用借助任何帮助就能完成。

在这个阶段，孩子腿部肌肉的力量逐渐增强，可以多让他"玩蹲下去站起来"的游戏，锻炼身体的平衡能力。

此阶段后，孩子开始练习迈步了。聪明的他懂得利用身边一切能利用的人或物，如墙壁、桌子或沙发边缘、父母的手等，让自己保持平衡，并一步步试着向前挪动。

最后，孩子终于学会走路了。他把重心放在脚上，不再扶着任何东西，开始摇晃着走路了。虽然走起来深一步浅一步，还常常摔倒，但却是独立的开始。

你不要阻止孩子，多给孩子机会，让他不断地练习。你会发现，孩子学步的速度让你大为惊异，也让你感动满满。

○ 喜欢上下坡、走楼梯，探索腿脚的功能

我正在上坡，迎面跟跟跄跄走来一个不到2岁的孩子，眼看就要摔倒了，我快步上前扶住了他。

"这是谁家的孩子？大人也太不负责任了！"我在心里嘀咕，"这里的车虽然不多，但坡度有点大，孩子万一从上面栽下去，后果不堪设想。"

正想着，一个老奶奶气喘吁吁地跑了过来："哎哟，多多，你慢点！"

看着我扶着孩子，老人似乎明白了什么，不好意思地说："这孩子，最近总是喜欢上下坡，现在跑得比我还快了。"

我说："孩子练习上下坡是好事，可是也要选择安全的地方，可以去公园。这里坡度这么大，偶尔也有汽车经过，万一把孩子撞到怎么办？"

我语气有些着急，惹得老人有些不高兴。她没有说什么，拉着孙子的手就离开了。

对孩子来说，上坡容易下坡难，尤其是刚开始练习时，很少有孩子能够控制好身体。此时，可以让孩子上下一些较缓的坡面，帮助他更快学会控制身体平衡。

我和妹妹带着小石头在公园玩。起初，小石头安静地蹲在沙堆里玩，可是一眨眼的工夫，他就爬上了一旁的玩具楼梯，颤颤巍巍地要从上面爬下来。

妹妹见状，满脸恐惧地大叫："小石头，不要动！"这话，让我和小石头都吓了一跳。"危险危险！"妹妹一边大叫，一边向小石头跑去。

这时候的小石头已能听懂妈妈的话了，他表情有些惊恐，并略带不解地看着妈妈，全身僵硬着，不知道接下来该怎么办。

我跑过去拉着妹妹，然后双臂张开，做出一个拥抱的姿势："小石头，来，让姨妈抱抱，我们再重新爬一次。"

我把小石头抱到楼梯下面，同时还对妹妹说："让他练习练习，我们两个大人，还看不住一个孩子吗？"

小石头又开始手脚并用地爬楼梯了。只见他先俯身趴在楼梯上，然后用手测量一下每层台阶之间的距离，最后才抬脚。一次不行两次，两次不行三次，直到把脚搭上台阶。

尽管小石头动作很慢，有时候都让人怀疑他是否在动。但我知道，他是在努力学习中。就这样，小石头一直爬着，累了就趴着歇会儿，到了上端的平台伸出胳膊，让我和他妈妈抱他下来，然后开始下一轮练习。

在回家的路上，小石头坐在小推车里睡着了。显然，他很累了。

孩子喜欢爬楼梯是好事，能锻炼肌肉发育。虽然会消耗大量的体力，但也能让孩子吃得更香、睡得更好。

孩子在爬楼梯时，手、脚、眼睛并没有协调一致，上楼梯对孩子来说比较容易，下楼梯则可能因为判断错误而发生危险，需要父母在一旁提供保护。

有些父母担心这样做不卫生，或者弄脏了衣服不容易清洗，就阻止孩子，导致孩子行走敏感期滞后，得不偿失。

此时，你应该让孩子自由行走、自由摸索，从中发现行走的乐趣，发现世界的神奇和美好，也让他的独立性和自信心得到发展。

○ 专走不平路，以体验和探索未知的世界

在 Jimmy 学走路那段时间，老公常说："陪儿子走路，一定要有足够的耐心和包容心，否则会被他气死。"我自然明白老公的意思。

每次，一出了家门，Jimmy 就变得特别"不老实"，总是挣脱我的手，要自己走路。只要路面状况安全，我通常都会放手。

在楼下公园里，有一小段石子路，Jimmy 最喜欢在那上面走路，每次都兴致勃勃，似乎很喜欢那种高低不平的感觉。

有一次，我带着 Jimmy 去公园走石子路。与其说是我带着他，不如说是他领着我。从家里到公园很近，Jimmy 早已知道怎么走了。

Jimmy 欢快地向前跑着，我在后面紧紧地跟着。突然，小家伙停

下了脚步，一动也不动。原来，公园有一小片路面要整修，负责管理公园的老伯正在抹水泥。

Jimmy 被这一小块水泥地深深吸引了。他看得那么专注，最后竟然情不自禁地朝一旁的水泥堆上踩去。

我来不及阻止，儿子就踩了进去。刚想迈出第二步，就重重地跌倒在水泥里，身上、手上、脸上，全是水泥。

我和一旁的老伯都愣了，Jimmy 却发出"咯咯"的笑声，一副很高兴的样子。老伯想帮忙抱起 Jimmy，我拦住了，示意让他自己起来。

另一方面，Jimmy 也完全没有让我帮忙的意思。他把身子向前倾，两只小手插在水泥里，努力了几次后，终于站了起来。找到了平衡感后，Jimmy 迈出了一步，一只脚走出了水泥堆；紧接着，他用双手支撑着地面，把另一只脚也拔了出来。

"这孩子，真是聪明。"老伯夸奖道，我听了，心里也很高兴。再看看 Jimmy，他的脸上也充满了满足感。

接着，Jimmy 又重新走了一次，这次，他试着把步子迈得大一些，从水泥堆的一侧迈了过去。好家伙，都知道运用智慧和水泥做斗争了。

我向老伯道了歉，带着 Jimmy 回家。没有去走石子路，Jimmy 并没有不开心。显然，今天走的这条"路"，让他体验到了自我掌控的感觉，也就不需要再走石子路了。

在行走关键期，孩子会热衷于走路。走路，这种在大人看来机械式的运动，孩子却充满了乐趣。尤其是走过那些坑坑洼洼的路面，会让孩子获得更多的自信。

我带着满身是水泥的 Jimmy 走着，引来的满是惊讶的表情，但我们全然不在意。突然，一声呵斥，把我和 Jimmy 的眼光全都吸引了过去。

一个年轻的妈妈带着孩子从公园穿过，两人都穿着干净漂亮的衣服，看得出来，是要去哪里赴约。

小男孩显然很不听话，没有走在平坦的小道上，而是走在用断砖斜砌而成的低矮围栏上，妈妈在一旁呵斥着，要求他下来赶路。

突然，小男孩没有掌握好平衡，倒在了小道另一侧的花圃里，干净的衣服上立刻沾上了湿湿的泥巴。

年轻妈妈很生气，拉起儿子，重重地在他屁股上打了一下："叫你不听话，现在还怎么走亲戚？回家！不去了！"

小男孩原本没有什么感觉，被妈妈一巴掌打得哇哇大哭。我想，他哭，不是因为妈妈的训斥，而是因为妈妈阻止了他的探索。

孩子喜欢走不平的路，是为了发展自己的能力。而同时，四周神奇的景物也吸引着他，让他愿意不断前行。

在行走敏感期这个特殊阶段，你要想帮助孩子，就要让自己的走路节奏和孩子一致，努力配合孩子，让他自由行走、自由探索。

○ 用了学步车，孩子反而不会走路了？

我一直从事幼儿教育工作，虽然有多重身份，但是最关心的问题还是幼儿的成长。我发现，父母懂不懂教育知识，对孩子的影响很大。

有一次，我去一个朋友家取点东西，发现他一岁多的儿子走路时总是踮着脚尖。在客厅的角落里，我看到了一个看上去很豪华的学步车，便明白是怎么回事。

我问："孩子踮着脚尖走路呢，你有没有尝试着让孩子把脚底放平走路？"

"你发现了。"朋友有些发愁地说，"我们试过了，可是一旦把他的脚掰平，他连站都站不稳，更别提走了！都是学步车惹的祸！"

朋友告诉我，两个月前，孩子的外婆给送来了学步车。孩子一进到学步车里就特别高兴，想朝哪个方向走，车子就会朝哪个方向滑动。

自从有了学步车以后，朋友和妻子也省心不少，不用整天扶着孩子走路。而孩子也把学步车当成了玩具，累了就坐着歇歇，休息够了就继续走。

就这样过了一个多月，朋友感觉孩子应该学会走路了，便把孩子抱出学步车，让他自己练习走路。可是，没有想到，孩子在学步车里习惯了踮着脚尖走路，即使把他抱出学步车，他还是会那样走。

我劝慰朋友："还好发现得早，可以及时纠正。我知道有一些孩子因为使用学步车，腿长成了螺圈腿，走路的姿势也很怪异，以后千万别给孩子用学步车了。"

孩子用学步车，看上去是想去哪就能去哪，很自由，还不会摔倒。但实际上，学步车给孩子带来的害远远大于这点小利。

孩子在走路的过程中，可以学会控制自己的重心，让身体保持平衡。可是一旦进入学步车里，这个任务就转嫁给了学步车，孩子完全不用在这方面下功夫。

而且，孩子不用协调手脚，就能让自己自由"行走"。他只会一直保持一种走路姿态，对于身体如何运作能让自己不受伤，更是毫不知情。

同时，使用学步车时后脚跟不需要用力，所以发育也不是很好，易长成扁平足、"O"型腿等。即使孩子以后能够用全掌走路，平衡能力和协调能力也会受到影响。

现在的学步车虽然比以前要好，但也并不是百分百安全，小石头额头上有一个一厘米左右的伤疤，就是学步车造成的。

那是小石头利用学步车走路的第二天，学步车的一个轮子不转动了，导致侧翻，小石头的额头碰到了桌角上，还好伤得不重。

妹妹当时紧张极了，一直责怪自己没有好好检查学步车的情况。翌日，妹妹就把学步车退了，扶着小石头一点点学习走路。

孩子的成长本来就要经历一个过程，需要我们付出时间和心血。如果为了自己省事，就把孩子交给各种设备或工具，实在是不明智。

为了孩子，我劝告各位父母，还是打消买学步车的主意，认真教孩子怎么走路吧。

行走敏感期李老师给家长的教育启示

在行走敏感期，孩子对"走"这一行为非常热爱，只要他愿意，就可以一直走，而且不会觉得累。

当孩子学会走后，会不断练习上下坡、爬楼梯，喜欢走在各种不平的路面上，体验行走给自己带来的乐趣，探索未知的世界。

父母要注意，孩子学步不能一蹴而就，如果可能，尽量不要让孩子用学步车学走路，让孩子按照内在的速度，慢慢学会走路吧。

第 7 章

语言敏感期，从咿呀学语到简单表达的过程（0~2 岁半）

　　孩子咿呀学语，无疑给父母带来了乐趣。孩子喜欢不断模仿、重复，甚至开始学说"粗话"，这都是语言敏感期的正常表现，父母适当地引导就行。

○ 在语言敏感期，0~2岁半孩子的语言发展从何而来?

语言是自然赋予人类的本能，即使是刚出生的婴儿，也能通过妈妈对他的回应，建立自己的沟通模式，让妈妈知道自己需要什么。

两三个月的孩子，即使不会说话，也会用"哼哼"声表达自己的情绪。而当大人不断在他耳边重复"爸爸""妈妈"时，也会"嗯""啊"的回应，这实际上就是在说话。

这时，孩子进入了语言敏感期。在这段期间，孩子对语言特别敏感，能区分语言，也能不知疲倦地说着我们听不懂的话。

在语言敏感期，孩子从最初只会说一些简单的词汇到能够说出简单的句子，是有规律可循的。只是这种规律在孩子的内心，我们无法企及。

Amy小时候，最喜欢玩"一叫一答"的游戏。每晚睡觉前，都要玩上半个小时，直到他困得睡着。

有一次，弟弟来家里，我忙着在厨房做饭，让他在客厅看电视，而Amy则在房间里玩。

突然，Amy大喊一声"妈妈"，我没有听见，弟弟听到后，立刻跑到屋里，看看Amy需要什么帮助。可是，他到了屋里才发现，Amy正坐在地板上老老实实地玩娃娃。

"Amy，怎么啦?"弟弟问道。

Amy只是笑，没有说什么。

看到Amy没事，弟弟又跑去看电视。刚坐在沙发上，Amy又喊了一声。这一次，她没有喊"妈妈"，而是喊了"舅舅"。

弟弟听到Amy叫自己很高兴，立刻回应一声"哎"，并跑到Amy身边，温柔地问："乖，叫舅舅有什么事情啊?"

Amy依然笑笑，一句话没有说。

弟弟感觉有些奇怪，他重新回到客厅，刚坐下又起身，来到厨房让我去看看Amy。

我听了弟弟的叙述，笑了起来："Amy喜欢玩'一叫一答'游戏，她不需要什么，只是在练习喊人而已，你回应她，她就会感觉特别高兴。"

听了我的话，弟弟才明白是怎么回事。他重新到客厅坐下，认真和Amy玩起了"一叫一答"游戏，十分开心。

进入敏感期后，孩子有段时间会特别喜欢重复一些词语，更喜欢喊人，因为那样的话对方会给他回应，使他获得喜悦和满足。

除此之外，孩子在语言敏感期还会有其他看似难以理解的表现，比如喜欢重复别人的话、爱说脏话、喜欢问个不停等，这些都是语言敏感期的正常表现。

你要做的，不是阻止孩子，而是引导孩子说出正确、完整的句子。虽然可能会比较麻烦，但是和孩子的收获相比，这点麻烦也就算不了什么了。

你要记住，孩子的语言敏感期是暂时的，你要给孩子创造良好的语言环境，让孩子轻松掌握。如果错过了，就不会再有机会重来。

○ 重复和模仿不是淘气，是觉得句子表达很有趣

我在路上偶然遇到一个熟人，怀里抱着一个两岁左右的小男孩。熟人放下孩子，很高兴地和我打招呼，并让孩子叫我"阿姨"。

我蹲下来，笑着问小男孩："你几岁啦?"

那孩子眨了眨眼睛，调皮地说："你几岁啦?"

听孩子这么说，熟人立刻说："别学话，告诉阿姨，你两岁了。"

小男孩立刻重复道："你两岁了。"

我笑了，知道孩子现在处于语言敏感期，有意和他多说几句，便积极地问道："你叫什么名字?"

果然，小男孩立刻学着我的语气说："叫什么名字?"

我冲他笑了笑，看到他手上拿着一个玩具小车，就问他："谁给你买的小车?"

很快，他又重复道："谁给你买的小车?"

熟人有些无奈地说："这孩子，最近就喜欢重复别人的话，在家也是这样。一遍遍重复，我们在家都没法说话。"

我劝说道："孩子天生好奇心强，喜欢重复大人的话，这是好事。孩子重复得越多，就能越早学会流畅地说话。"

熟人无奈地笑了笑，我也没有再说什么。

最后和熟人告别时，我握着小男孩的手，说了一句："你真可爱，阿姨很喜欢你，有时间来我家玩。"

小男孩很高兴，用脆生生的语言结束了这次谈话："有时间来我家玩!"

随着语言能力的提高，孩子会对大人说的话产生兴趣，并喜欢模

仿大人说话。最初，可能只是模仿其中的一两个字，很快的，他就能熟练地模仿整句话。

一些父母认为，是因为孩子太淘气，所以才会这么做，这完全是对孩子的误解。在这样一个重要的语言学习阶段，怎么能把孩子的努力当作淘气呢？

在我家，我和老公都会故意挑一些简短易模仿的句子说，诱导孩子模仿。比如，"今天天气不错""这朵花真漂亮"等。

我发现，在我们的影响下，Jimmy 和 Amy 都能很快说出流畅的话，而且长大一点后，也热爱阅读，比起同龄人来，积累了更多的词汇。

在大人看来，反复重复说一些话，简直就是一件无聊透顶的事情。但是在孩子看来，重复却是一个充满乐趣的学习过程。

孩子喜欢重复别人的话，因为他觉得这样做就像玩游戏，非常有趣。这也是他学习说话的方式之一。孩子也许并不知道他重复的话是什么意思，但是他的语言能力却在这个过程中得到了锻炼，而他也因此获得了父母或其他人的关注，父母完全没有必要阻止。

所以，你别再挑剔、限制孩子的重复行为了，让他一遍遍地说吧，让他尽情享受语言带来的乐趣，让他在语言敏感期得到充分的释放。

○ 爱骂人和说粗话，是在验证语言的力量

儿子 Jimmy 在 2 岁以后就进入了语言爆发期，他开始长时间地自言自语，模仿周围的人说话，这让我和老公都非常高兴。

有一天，老公陪 Jimmy 玩积木，由于老公的失误，导致整个积木都倒了，老公充满歉意地向 Jimmy 道歉，Jimmy 脱口而出："坏爸爸！你真笨！"

当时，老公非常震惊，睁大眼睛看着儿子，仿佛不敢相信似的。Jimmy 见状，似乎认识到了自己说的话很有力量，在接下来的一天里，几乎对家里的每个人都说了一遍"你真笨"。

我和老公都很苦恼，我们俩平时没有说脏话的习惯，家里其他人也是如此。看来，Jimmy 是在外面学习了这些伤人自尊的话。

第二天，情况有些严重了，Jimmy 似乎是想把他会说的脏话全部说一遍，总是变换着说"你个傻子""去死吧""神经病"等。

老公很生气，训斥 Jimmy 不准再说。Jimmy 虽然勉强答应了，可是过了没几分钟，又故技重施。

后来，我陪 Jimmy 出去玩时，就会仔细观察是哪些孩子说脏话影响了他。结果，目标很快锁定，一个叫小猛的孩子就是 Jimmy 的"脏话"老师。

我和家人商定，改变带 Jimmy 外出玩的时间，尽可能避免和小猛碰面。同时，改变强硬地禁止孩子说脏话的态度，避免因为我们的阻止强化孩子说脏话的行为。

事实上，Jimmy 并不清楚他说的话是什么意思，只是无意间说出来，看到我们的反应后，感觉很有意思，便一次次地刺激我们。

等到 Jimmy 再说脏话时，我们都装作没有听见。连续几天下来，儿子似乎发现了，只要他说那些原本让我们惊讶的话，我们就会不理他。渐渐地，他便很少对我们说脏话了。

正在我们为自己的胜利感到高兴时，新的问题发生了。每次 Jimmy 和小伙伴发生矛盾时，都会骂人，而且态度很凶狠。

看来，他仍然没有放弃验证粗话的威力。我知道，Jimmy 骂人不是为了侮辱谁，但即使这样，我也不能允许他养成骂人的坏习惯。

于是，我告诉家人，如果 Jimmy 在与别人玩的过程中骂人了，就要立刻把他带回家，不准他继续玩下去，就算他用大哭来反抗也不行。

而我也是这样做的。一次，我发现 Jimmy 骂了一个小朋友，便严肃地对他说："你这么没礼貌，违反了我们之前的约定，我现在要带你回家。"

Jimmy 没有说什么，乖乖地陪我回家了。之后，Jimmy 说脏话的习惯终于慢慢消失。

孩子没有是非观念，却有很强的模仿能力，当他听到别人骂人时，也会情不自禁地模仿，并且为自己学会了新的话语而感到高兴。

在这种情况下，你越是不让孩子说，孩子越是说个不停，结果就是在强化孩子的错误行为。正确的方法是无视加惩罚，同时用一些更好的词汇和句子填充孩子的大脑。

当然，你也不用过于担心，只要了解到孩子说脏话的原因以及应对措施，就能帮助孩子顺利度过这段特殊的时期。

○ 什么话都悄悄"说"，是在感受语言魅力

有段时间，Jimmy 爱上了玩"悄悄话"的游戏。

有一次，老公正在书房工作，Jimmy 悄悄地走进去，凑到爸爸耳

边，嘴唇嚅动了半天，然后问道："爸爸，你懂我的意思吗？"

这个游戏他们父子俩经常玩，都有一定的默契了。老公猜测，儿子一定是有什么高兴事想要告诉他，便试着猜测说："是不是老师今天表扬你了？"

Jimmy 高兴地点点头。

随着孩子语言能力的增长，他对语言的认识也越来越丰富、全面。他发现，话不仅可以大声说，还可以悄悄说，而且说悄悄话似乎能拉近人与人之间的距离。

就这样，孩子对这种自己没有体验过的说话方式产生了兴趣，说悄悄话的那种神秘感也吸引着他不断尝试。

Jimmy 正是在这种心理的作用下喜欢上说悄悄话的。有时候，他会附在我或老公耳边很久，嘴唇嚅动着，但是并没有发出任何声音。

奇怪的是，孩子却一本正经地问我们，有没有听到他的话。我想，他一定是在心里说过了，认为我们可以与他心有灵犀。

所以，我和老公都会根据他说话时的状态来猜测他的心理，时间长了，还真的达到了心有灵犀的程度。

孩子喜欢说悄悄话时，父母不要表现出不耐烦的态度，要主动配合孩子，做出倾听的表情和姿势，让他感受到语言的乐趣与神秘。

要注意的是，等孩子过了说悄悄话的敏感期后，就要引导他正常说话，否则，很可能对他的语言、人际关系的发展带来不利的影响。

最近，就有一位爸爸向我咨询这个问题。

他的儿子小宝是个活泼、聪明的孩子，但是有一点却特别让他操心，就是小宝特别爱说悄悄话。

平时在家里，小宝如果有什么想和爸爸说的，就会大喊："爸爸，我有事和你说……"然后就用手半掩着嘴，附在爸爸耳边说话。

在幼儿园也是这样。有一次爸爸去接小宝，在和老师说再见时，小宝突然对老师说："老师，我要告诉你……"然后，就要求老师低下身子，听他说悄悄话。

爸爸有点不高兴："有什么想说的，就大声告诉老师。"小宝听了，显得有些害怕，小脸涨得通红，一声不吭地回家了。

据这位爸爸说，儿子说悄悄话似乎成了一种习惯，不管在什么场合、不管是大事小事、不管对象是谁，他都一律用耳语。而且，最近他开始害怕去人多的地方，几乎没有在人前大声说过话。

后来，我建议这位爸爸，用讲故事或游戏的方式让孩子明白，什么场合可以说悄悄话，什么场合不能说。比如，在家尽可能不要让孩子耳语，孩子感觉有什么不便，可以悄悄说。

同时，多带孩子出去串门，让孩子大声和别人打招呼，有什么想法大声说出来。如果孩子不敢说，或者又趴到父母耳边说，父母可以做个示范，然后鼓励孩子重复。

当孩子减少耳语，渐渐敢于表达自己的想法时，最好给他一点肯定和奖励，让他知道大声表达才是与人交往时的正确表达方式。

有一点要特别注意，生活中，我常见到一些孩子自言自语，或者和玩具、小蚂蚁说话，这种悄悄话出现时，意味着孩子虽然渴望交流，但父母却没有满足他的这一需求。

这时候，就要多带孩子出去玩，让他和同龄人交朋友，在交往中学会与人沟通。如果可能的话，父母最好成为孩子的朋友，这样即使缺少同龄人的陪伴，孩子也不会感到孤单。

孩子不是不能说悄悄话，而是要根据所在场合和说话对象来决定。引导孩子走过说悄悄话的敏感期，让孩子学会与人正常交流，是每一个做父母的应该做的事情。

○ 抢着接电话，一口气说完"你好！你是谁？再见！"

Jimmy 在 3 岁左右时，突然对电话产生了兴趣，也特别爱打电话。说"突然"其实也并不准确，儿子在咿呀学语时，就已经抱着电话不松手了。

通常，他都是学着大人的样子，一只手将话筒贴在耳边，一只手拨号，同时，还咿咿呀呀地说一大串我们都听不懂的话。

后来，他对电话的热爱渐渐消失了。直到有一天，电话铃声响起后，我还没反应过来，Jimmy 就跑过去接了电话。

Jimmy 接了电话，听到里面的声音后，有些不知所措，最后，他也不管对方说什么，嘿嘿一笑，说一声："你好！你是谁？再见！"然后就把电话挂了。

这样自然会耽误我的工作，我只好对 Jimmy 又哄又劝，可他依旧抢着接电话，依旧在说了几句话后就挂了电话。

我只好做了妥协：他可以先和对方聊几句，但随后一定要把电话交给我。Jimmy 同意了。每次来电话，他都会嫩声嫩气地和对方聊几句，然后说一句"你等等，我把电话给妈妈"，然后把电话交给我。

后来，考虑到打电话可以训练儿子的表达能力，我便买了两个电话玩具，和他玩起了假装打电话的游戏。

通常，电话都是由他打过来。每次他想打电话时，都会先把一个电话交给我，自己拿着另一个电话走到房间的另一头，一边拨号，一边不忘用嘴发出"叮零零"的声音。

我：喂，你好，请问你是谁？

儿子：你好！妈妈，我是Jimmy。

我：哦，Jimmy，给妈妈打电话有什么事情吗？

儿子：妈妈，我想让你陪我玩积木。

我：哦，那你刚才玩的拼图收拾好了吗？

儿子：没有，放在客厅了。

我：你先把拼图收拾好，我们再玩好吗？

儿子：可是我不想收拾。

我：可是那样积木就没有地方放了啊。

儿子：嗯……好吧。

我：收拾好以后，记得打电话告诉妈妈。

儿子：好的，妈妈。

我和Jimmy经常玩这样的游戏，在游戏中，我会用实际行动教他一些打电话的基本礼貌用语，还会纠正他的一些不良习惯。

有时，亲朋好友来的一些问候电话，我会让Jimmy代表我说几句。每逢这个时候，儿子总是非常兴奋，一字一顿地努力把话说清楚。

有段时间，老公到外地出差，老公打电话到家里时，我总是鼓励儿子接。在那段时间，儿子的语言表达能力突飞猛进。

我对Jimmy说："那边天气很冷，让你爸爸多穿点衣服。"

于是，Jimmy便对着话筒说："爸爸，你那边很冷吧，多穿点衣服。"

我说："告诉爸爸你在家很乖，你想他了。"

Jimmy很高兴地重复这句话："爸爸，我很乖，想你了。"

有时，即使我没有给Jimmy传达任何指示，他也会主动和老公说一长串的话："爸爸，你吃饭了吗？我吃饭了，吃得饱饱的……"

后来，Jimmy甚至学会主动打电话给亲戚朋友，每次都是一本正经地问候，大家都非常喜欢他，Jimmy也觉得很高兴。

打电话能锻炼孩子的口才，让他学会与人沟通，也能学会一些礼貌用语，更能体会到人与人之间的感情。对于孩子抢接电话的行为，父母要好好引导，决不能打击。

○ 逻辑思维能力发展不足，孩子说话容易口吃

坐在火车上，看到夫妻俩在逗孩子说话。

那孩子看上去 2 岁左右，手里拿着一包饼干，递给妈妈说："帮……帮……我打……打开。"

那爸爸妈妈听了，笑得前俯后仰。妈妈故意装作听不懂，问了一遍："宝贝，你说什么？再说一遍。"

孩子显得更紧张了，小脸都涨红了。他似乎很想吃饼干，所以犹豫了一会儿后，又说了一遍："帮……帮……我……我……打……打开。"这一次，比上次结巴得更严重了。

那爸爸很过分，接过饼干，模仿儿子说话的语气："帮……帮你打……打开呀，爸……爸爸……这就……就帮你。"

爸爸的话，惹得孩子不高兴了，所以当爸爸把撕开口的饼干袋交给孩子时，孩子一把将饼干扔到了地上，口里还叫道："不……不准……学……学我。"

那爸爸丝毫体会不到孩子心里的感受，一把拉起儿子，在他屁股上重重地打了两下："叫你不听话……"孩子则哇哇大哭，整个车厢变得吵闹起来。

孩子在学说话时，出现口吃是很正常的，只是有的孩子比较明显，有的孩子不太能看得出来罢了。

这是由于孩子的语言能力不足造成的，父母不需要紧张，等到孩子的语言能力提升到更高一个层次时，这种现象会自然消失。

此时，父母可以适当地纠正，不要过分强迫孩子，会让孩子口吃更严重；同时，也不要模仿孩子，会加重口吃现象。

有一位妈妈曾非常紧张地告诉我："我女儿最近突然结巴了，而且很严重，有时候，连叫我一声'妈妈'都要结巴半天，她原来不是这样的。我很着急，可是我越着急，她越紧张，结巴就越严重，这可怎么办呢？

"我想带她去看口吃医生，又担心影响她的心理健康，真是愁死了！难道她要一直口吃下去吗？"

我劝她不要着急，也不要带孩子去看口吃医生。这种情况通常说

明孩子的思维发展较快，超过了语言的发展速度。她的女儿想要表达一种想法，但是却找不到合适的词汇，所以才会这样。

至于女儿以前能说得很好的话，现在也说不好了，那可能是因为紧张导致的。越是这样，妈妈越不能着急，也不要急于纠正，要放慢语速，配合孩子的说话速度，让她觉得自己慢些说也没有关系，不用急于表达。

后来，这位妈妈按照我说的，和家人做了沟通。在女儿结巴时，妈妈也不再催促，而是学会了等待，等着女儿组织好自己的语言再说出来。

大约过了三周，她告诉我，女儿结巴的现象消失了。

通常，两三岁的孩子口吃很少会与心理障碍有关，父母完全不用过于担心，只需给予孩子微笑，耐心倾听。同时，也不要说"别着急，慢慢说"，这等于是在暗示孩子"你不会说话"。

如果孩子表达错误，也不要说"你错了"，可以选择重复，告诉孩子如何正确表达，如，"你是想说……是吧?"

同时，还可以多和孩子一起说童谣、唱儿歌。总之，要让孩子觉得，说话是一件有意思的事情，而不是沉重的负担。

这样一来，孩子就能通过听、吸收、模仿父母的话语积累正确的句子和词语，表达时也会变得很顺畅。

有一点要注意的是，你要学会区分孩子是真口吃还是假口吃。如果发现孩子说出一个字都很困难，同时还伴有挤眼、甩胳膊、歪头、歪嘴、拍大腿等多余动作，还出现尴尬和沮丧的表情，就要带孩子寻求专业帮助。

语言敏感期的李老师给家长的教育启示

语言是自然赋予人类的本能，在语言敏感期，孩子通过努力，能从最初只会说一些简单的词汇发展到能够说出简单的句子。

在这个特殊时期，孩子喜欢重复别人的话，觉得这样做就像玩游戏，非常有趣；孩子变得爱骂人和说粗话，这其实是在验证语言的力量；孩子喜欢说悄悄话，抢着接电话，这些都是他在用自己的方式感受语言的魅力。

最让一些父母感到头疼的，莫过于孩子口吃。这其实也是敏感期的正常表现，不用过于担心，只需按照正确的方式引导，就能让孩子流畅地表达。

第 8 章

自我意识的敏感期，理解与尊重让孩子快乐成长(2 岁半 ~ 3 岁)

2 岁半 ~ 3 岁孩子开始产生自我意识，进入自我意识敏感期。为了证明自己的存在，孩子开始反抗大人，产生强烈的占有欲，并因此引发一系列问题。

○ 自我意识产生，进入自我意识敏感期

孩子的自我建构是个有趣的过程，其中自我意识的产生和发展是其中重要的一部分。

在孩子出生的头几个月，他仍然认为自己和整个世界是一体的。他看到爸爸妈妈时，就像看到了自己一样；他看着玩具，也会认为那是自己的一部分。

在孩子的眼中，所有的一切都浑然一体，没有区分。什么你我、什么分离、什么动植物、什么有生命无生命，在他看来全都一样。

Jimmy 也经过这样一个阶段。直到他 1 岁左右时，对"我"这个词还没有什么概念，想做什么，都是说"Jimmy 想……""Jimmy 要……"；等到 2 岁左右，他才会说"我想……""我要……"。这时，我知道 Jimmy 的自我意识产生了。

这时，Jimmy 一遇到自己喜欢的东西，就想要占为己有。如果不是自己的，他就会吵着要，或者直接抢别人的。

到了 3 岁左右，Jimmy 才明白，别人的东西是别人的，自己也有属于自己的东西。于是，他开始喜欢说"我的"，以分清楚自己和他人的界限；喜欢说"不"表达自己的意志，抗拒别人对他施加的行为。

我对此并不担心，因为我知道，当孩子通过这个阶段后，就会开始喜欢交换、分享、合作，我不需要急于一时，强迫孩子成长。

事实上，在孩子的自我意识敏感期里，类似的表现很常见。

每次在路上遇到梦梦，几乎都是看到她在哭，我一直以为她是个爱哭的孩子。直到那天，我看到梦梦痛哭的经过，才知道她是用哭来表达自己的意志。

这天，梦梦妈看到了 6 个月大的飞飞，感觉非常可爱，就主动要求抱抱他。飞飞在梦梦妈怀里呵呵直笑，梦梦妈也非常高兴地逗孩子玩。

这时，梦梦不高兴了，她扭动全身，向妈妈表示抗议，同时，还抬起小手掌，在妈妈身上使劲拍打了几下，可是妈妈根本没有注

意到。

梦梦很着急，很委屈，哇哇大哭起来。飞飞妈见状，便想安慰梦梦。谁知她的手刚碰到梦梦的车，梦梦就一巴掌打在了她的手上。

看到这一幕我才知道，梦梦已经开始护东西了。她哭，是因为妈妈抱了别的孩子；她打飞飞妈，是因为她碰了自己的小车。

实际上，不止梦梦如此，其他孩子在自我意识觉醒时，都会依靠对物品的所有权来区分自己和他人，所以才会出现不愿与人分享的行为。

与此同时，孩子还喜欢用"不"来表明自己的意志。有时，不管父母说什么，孩子都会说"不"。这是他在用语言区分自己与他人，并从中得到乐趣。

作为父母，不要误以为这样的孩子自私，或者害怕孩子继续这样下去，会养成自私的个性。这完全是杞人忧天，孩子在经历了这个阶段后，会自己学会分享的。

然而，还是有不少父母开始强迫孩子与人分享，强迫孩子服从大人的意志，甚至给孩子贴上一个"自私"的标签。

什么是自私？我发现，很多人常常会把自私和自我混为一谈。为了满足自己损害他人的利益，这叫自私；表达自己的意愿，并且按照自己的意志做事，这叫自我。

父母要做的，是创造一个良好的环境，帮助孩子的自我意识获得发展。即便孩子毫无理由地说"不"，也不要阻止。如果他的需求正当，就尽可能给予满足。

○ "不给就不给"，不懂分享不代表自私

我带着 Jimmy 去看小石头，看到小石头有很多玩具，Jimmy 感觉很有趣。他先是打量了一会儿，然后拿起其中的一个小汽车玩了起来。

小石头看到了，立刻将小汽车从 Jimmy 手里夺了下来，同时推了 Jimmy 一下，一副母鸡护小鸡的样子："这个我要玩。"

Jimmy 没有和小石头计较，而是拿起小陀螺玩了起来。刚转了一

圈，小石头又把小陀螺抢了过去："这个是我的。"再看看刚才 Jimmy 玩的小汽车，已经被扔到一边了。

Jimmy 一点也不生气，又拿起积木玩。谁知刚要把积木倒出来，小石头又把积木盒子抢了过去："这个是我的。"

妹妹有些生气了，斥责小石头："你怎么这么自私啊，给哥哥玩玩怎么了？再说，你不是不喜欢玩积木吗？"

小石头也生气了："这个是我的，不给，就不给。"

看这一招没有效，妹妹换了一种方式，她蹲下来对小石头说："小石头，你去 Jimmy 哥哥家时，他是不是都把玩具给你玩了？你挑一个玩具给哥哥玩，好不好？"

"不好！"小石头毫不犹豫地拒绝了。

我怕妹妹再训斥小石头，便要求她不要再勉强孩子，同时从书包里拿出一本故事书给 Jimmy。Jimmy 安静地看书，小石头也没有再闹。

孩子从 2 岁开始，会对自己的东西特别在意。即使父母怎么劝说，他都不愿意拿出来与别人分享。这是因为孩子对私有财产有了感觉，想要守护自己的东西。

事实上，孩子对于自己的物品有决定权，可以选择与别人分享，也可以拒绝分享。作为父母，不要用成人的道德观念要求孩子，而要保护他的这种执著。

比如，你的朋友带了孩子来家里玩，那个小朋友很想玩玩具，你就要和孩子商量，能不能借一个玩具给小客人玩，这才是帮助孩子建立自我的正确做法。

如果你每次都让孩子分享，让孩子把玩具让给别人，孩子就会在心里认为，不仅是其他小朋友，连父母也会抢走自己的东西。在这个想法的支配下，孩子会害怕失去自己的东西，变得不安，也就更加渴望占有。

在这个阶段之后，你可以适当引导孩子分享。你要让孩子知道，当他把玩具给其他小朋友玩之后，玩具还是会回到他的手中，他并没有失去任何东西。

同时，也可以鼓励孩子玩一些双人或者多人游戏，让孩子把自己的东西拿出来，大家一起玩。在玩的过程中，不断夸奖孩子的分享行为，并让他知道，他与别人分享，别人也会愿意与他分享。

比如，你可以对孩子说："儿子，你们俩一起用积木拼一个城堡怎么样？来，让小贝帮你把积木一起拿出来。"

在孩子同意后，你可以夸孩子几句："儿子真棒，都知道和小朋友分享玩具了。两个人一起玩，比一个人玩更有意思吧。"

最后，你还可以问问孩子的小伙伴："小贝，小宝都和你分享玩具了，下次到你家，你愿意让他玩你的玩具吗？"

这样一番对话下来，两个孩子都能明白和体会到分享带来的乐趣，也会尝试着与他人分享，让自己得到更多的快乐。

最后，我还要再强调一遍，不要强迫孩子分享。过了这个阶段，孩子在分享方面比你还积极，甚至会让你心疼也说不定呢。

○ 孩子不听话，开始说"不"，是"自我"的表现

Jimmy 在进入自我意识的敏感期后，非常喜欢说"不"。比如我说："Jimmy，吃饭吧。"他说："不。"但每次说完，都会立刻让我抱他坐在儿童椅上。所以，对于他的"逆反"，我一点也不生气。

我知道，当 Jimmy 说"不"时，他能感觉到自己是独立存在的，那种不受父母控制的感觉，让他觉得是一种享受。所以，即使说了"不"，他也还是愿意按照我说的做。

当然，很多时候，Jimmy 不仅用语言表达自己的抗拒，也会用实际行动表达他"不"的强烈意志。这时候，我就要费一番脑筋了。

雨后的空气很清新，我想带着 Jimmy 出去走走。考虑到天气有些冷，我拿出一件长袖想帮 Jimmy 穿上，结果他果断拒绝了："不。"还边说边穿着半袖睡衣往室外跑去。

"Jimmy，"我跑过去拦住他，"不穿这件也行，你想穿哪一件？"说着，我将 Jimmy 的几件长袖都拿了出来，任他选择。

"不。"Jimmy 还是拒绝了。说完，还摸了摸睡衣上的小熊。他很喜欢这件小熊睡衣，在家时几乎都穿着它。

我看出 Jimmy 的心思："你是不是想穿着身上的衣服出去？"问完我就后悔了，天气这么冷，孩子万一冻感冒了怎么办。

Jimmy 高兴地点点头。

看到他的神情，我知道指望他换衣服是不可能了，便在包里装了一件薄外套，等他冷的时候再给他穿上。

出门前，我还叮嘱 Jimmy："Jimmy 带着小熊出去玩，一定要保护好小熊。如果小熊觉得冷了，你一定要告诉妈妈啊。"

外面果然很冷，Jimmy 兴奋地跑着，过了十来分钟，他终于跑到我面前说："妈妈，小熊冷了。"

我帮 Jimmy 穿上外套，并对他说："下次，我们不要让小熊挨冻了，穿个长袖出来好不好？"Jimmy 这次没有说"不"，点头答应了。

我一直认为，孩子太听话不是好事，会影响自我的发展。长大后，孩子很容易成为不懂拒绝的"老好人"，成为谁都可以用的"便利贴"。

所以，你不要在意孩子是不是按照你的想法去做了，也不要试图引诱孩子听话。孩子有权利确定自己的事情，在尝试和摸索中成长。

这个时候，孩子会表现得以自我为中心，一旦你无法满足他，他可能就会大哭大闹，甚至可能会打人。即使这样，你也不要和孩子较劲。

孩子处于自我意识的敏感期，凡事都想自己做主，可是由于语言发展较为缓慢，他无法用语言表达自己的意思，导致大人不明白他想要干什么。所以，他只能选择无理取闹或者动手打人来表达自己的愤怒和抗议。

孩子不仅喜欢说"不"，还喜欢"打"人，这都不必急于纠正。这个时候要做的就是等待，等待这个敏感期自然过去，孩子会学会其他方式来正确表达。

○ 孩子公然抢别人的玩具，是霸道吗？

我发现，2 岁左右的孩子很喜欢抢其他小朋友的玩具，这其实是自我意识觉醒的一种表现。但是，父母在面对孩子的这一行为时，似乎显得很不冷静。

一次，我在餐厅用餐，看到两个 2 岁左右的孩子在一起玩。女孩在玩布偶，男孩在玩小汽车。突然，男孩放下自己的小汽车，抢走了女孩的布偶。

女孩不高兴了，要求男孩把小汽车借给自己玩一会儿。男孩不同意，女孩就上前抢夺自己的布偶。结果，很快就把布偶抢了回来。

男孩很生气，放声大哭。女孩的妈妈开始指责女孩："你是姐姐，让点弟弟不行吗？把布偶给弟弟。"

一旁男孩的妈妈则不好意思地说："不用不用，这孩子就喜欢抢别人玩具，抢不到还哭，真是不知道该拿他怎么办。"

2 岁左右的孩子，虽然有了一定的主权意识，意识到自己的存在，但他只是知道"我的"这个概念，并认为所有东西都是"我的"，"我的"是"我的"，"你的"还是"我的"。

在这种思想的支配下，孩子就会认为其他小朋友手中的玩具也是"我的"。他会去抢，不是霸道，而是想要保护"自己的"玩具。

这是非常正常的，也有利于孩子社交能力和心智的发展。可是即便如此，因为抢玩具导致孩子的交往无法继续下去，也不是父母愿意看到的。

在孩子外出时，父母可以给孩子带上一两件他喜欢的玩具。当他想玩别人的玩具时，要让他问问对方愿不愿意借给他玩。如果不愿意，愿不愿意和他换着玩。

这样一来，就能帮助孩子打消抢玩具的想法，还能给他灌输"你的"这种观念，并学会与人分享。

当孩子再大一些，就能在了解"我"的同时，也意识到他人的存在，明白东西除了是"我的"外，也有些东西是"你的"或者"他的"，抢玩具的情况也会减少很多。

如果等到孩子 4 岁多了，还总是抢别人的玩具，父母就要注意了。因为这种现象意味着孩子的教育滞后，他依然以自我为中心。否则，不懂得如何与人交往。

为了防止这种情况发生，父母在家里就不要总是围着孩子转，也不要事事都以孩子为中心，容易让孩子形成唯我独尊的心态。

对于孩子的东西，可以给予孩子所有权。但是，对于家人共同拥有的东西，比如饮食，不管孩子多么喜欢吃，都不能让他吃独食，要全家人共同分享。

对于父母或其他家人的东西，也要告诉孩子不准随意支配。如果想要玩，需要得到别人的允许，让孩子养成不乱碰别人的东西的习惯。

当你知道了以上这些，面对孩子抢别人玩具的问题时，也知道怎么处理了。当然，你可以根据当时的情况灵活应变，在不伤害孩子内心的前提下，解决这个问题。

自我意识的敏感期李老师给家长的教育启示

孩子自我意识的产生和发展是一个有趣的过程。在这个特殊时期，孩子会把很多东西据为己有，还不断强调"我的"，更喜欢与大人对着干，用"不"表达自己的想法。

在这两种想法的支配下，有些孩子不懂分享，喜欢抢别人的玩具，喜欢用打人表达自己的不满，因此被父母贴上"自私""霸道"的标签。

事实上，孩子对自己的物品有决定权，可以选择分享或拒绝；孩子也有自己的意志，可以说"不"。父母要创造一个良好的环境，帮助孩子的自我意识获得发展。

第 9 章

空间敏感期，让孩子眼中的世界
变得富有立体感 （2 岁半~3 岁）

进入空间敏感期，孩子的世界不再是平面的，开始建立对立体空间的感觉。此时，孩子会不停地探索小孔、垒东西、扔东西等，父母不要干涉这种正常探索。

○ 解读空间敏感期，不干涉孩子对空间的正常探索

有个妈妈向我描述了 2 岁儿子最近的表现，并询问我，从这些行为上，能不能判断孩子是否得了多动症。

聪聪从小就很聪明，也很安静。但是最近这段时间，妈妈发现他突然变得调皮起来。没事的时候，聪聪就开始翻家里的抽屉、柜子等，同时把里面的东西拿出来扔到地上，扔之前还会告诉妈妈，自己是故意的。看到妈妈在他身后收拾残局，聪聪好像特别高兴。

后来，聪聪好像玩厌了这个游戏，喜欢用他的"金箍棒"把放在高处的装饰品、娃娃打到地上，捡起来让大人放回去，然后继续打到地上。

过了没几天，聪聪又对各种小孔产生了兴趣，看到小孔就往里面塞东西，有一次居然把手插到了插孔里，把妈妈吓出了一身冷汗。

还好后来聪聪改变了研究方向，开始爱上各种角落，喜欢钻到桌子底下，钻到大纸箱里，和妈妈一起玩捉迷藏。

现在，聪聪最喜欢在床上和沙发上跳来跳去，经常爬到沙发背上，怎么叫他，他都不愿意下来。不爬沙发背的时候，就喜欢推着转椅到处跑，有一次用力过猛，没有掌握好平衡，和转椅一起摔在了地上。

妈妈很头疼，怎么阻止孩子都没有用。

进入空间敏感期后，父母会发现，孩子的活动量突然增加，整天忙来忙去。实际上，他是在建构空间智能。通过这些活动，孩子能为将来掌握空间概念、发展几何能力打下基础。

聪聪的那些行为，其实都是空间敏感期的正常表现。在这个时期，孩子喜欢扔东西、喜欢推着转椅跑、喜欢爬高和往下跳、喜欢把物体垒高推倒再垒高、喜欢钻到小空间里、喜欢转圈，等等。

孩子这样做，不是无理取闹，全都有一定的用意。比如，通过扔东西探索空间，通过移动物体丈量空间，通过爬高和往下跳感知空间等。这些行为帮助他了解了物体和空间的关系，让他有了空间的概念。

然而，令人遗憾的是，很多父母都像聪聪的妈妈那样，不懂得孩子在空间敏感期的特殊需要，以保护孩子为名，阻止孩子探索世界。

这样是不行的，孩子的空间感能否建立，取决于能否自由地探索。只有给孩子自我创造的时间，他才能有所突破。

父母要做的，就是给孩子自由，保持足够的耐心，让孩子能够在更大的空间里探索，父母只需在一旁不动声色地提供保护就行。

同时，父母要多给孩子提供一些探索空间的材料，如大纸箱、积木、弹力球、弹力床等，让孩子在钻、搭、扔、接、跳等过程中发展自己的空间智能。

如果孩子想做的事情具有一定的危险性，比如说从台阶上往下跳，此时父母可以给孩子一些提醒，但是不要危言耸听，影响孩子的信心和探索的欲望。

当孩子有做家务的欲望时，父母也不要阻拦，可以将家务与探索空间想结合，提高孩子做事的兴趣。比如，可以让孩子把鞋放到鞋柜里，把积木放到积木盒里等。在锻炼孩子空间感的同时，也提高了孩子的动手能力。

你一定要重视、保护孩子的这种敏感性，如果孩子在空间的敏感期受到了伤害，性格上就容易胆小怕事，对自己也会失去信心。

为了孩子，多给孩子点自由，多点耐心吧，这样，孩子也会打造出最棒的自己。

○ 对带孔的东西感兴趣，喜欢不停地插钥匙、盖瓶盖

有一次，我经过一楼珠珠家门口，看到他们一家三口都站在门口，我便好奇地问："怎么啦？忘带钥匙了吗？"

珠珠妈略显无奈地说："不是的，刚才出门时，珠珠趁我们不注意，把一截牙签塞到了钥匙孔里，现在只能等开锁的人过来了。"

珠珠爸很生气地低声说："还不都是你惯的，孩子现在都成什么样子了，一点都不听话，老是惹麻烦。"

珠珠妈没有说话。

我看了看珠珠，正躲在角落里，惊恐不安地看着爸爸妈妈，脸上的泪珠还没有干。看得出来，她刚刚被训斥过。

我没有参与两人的对话，而是对珠珠妈说："孩子好像有点累了，先到我们家去坐坐吧，让珠珠爸爸一个人在这里等着就行了。"

后来，在我的劝说下，珠珠妈抱着珠珠一同来到了我家。我给珠珠拿了一盒奶，她没有喝，一遍遍地插吸管玩。

珠珠妈这才告诉我，最近一段时间，珠珠对各种小孔非常感兴

趣，见到小孔就往里面插。天天不是拿着钥匙插锁孔，就是通过小孔把牙签塞回牙签盒，或者不停地盖瓶盖。除了吃饭和睡觉，几乎没有一刻停下来。

我告诉珠珠妈，珠珠正处于空间的敏感期。在这期间，她会对小洞或者带孔的瓶子感兴趣，总是塞东西或者插东西，这是她体验空间的方式。她能从中获得和以前不同的乐趣，所以才会精力十足、乐此不疲。

珠珠的这些行为，表明她的动手能力比较强，支持她的探索，能让她的手眼协调能力得到锻炼，并养成专注的习惯。

我建议珠珠妈回去和老公好好说说，尽量不要斥责孩子，而是耐心地让孩子去做。比如，回去以后可以教育珠珠："你可以用钥匙去插锁孔，但是不能用牙签，要不然我们下次又没有办法进门了。"

然后，我又提议道："如果有时间，你们可以和孩子一起探索，这样既能满足孩子探索的欲望，又能避免孩子的行为给家人造成不必要的麻烦。"

珠珠妈问我："要怎么陪孩子玩呢？"

我说："你可以和珠珠玩藏宝游戏，比如将珠珠的某个玩具藏起来，但是不告诉她具体在哪里，只给一点提示。当珠珠依靠自己的力量找到时，会非常高兴。

"还可以给孩子做一个抽奖箱，在里面放上各种小玩具，让她伸手抓取。要是没有时间做，可以买一些搭建'山洞'的器材，让孩子钻来钻去，总比钻床底安全、卫生。"

听了我的话，珠珠妈决定回去照做。

孩子喜欢探索小孔，是他在努力学习，不要阻止，那样会打击孩子的好奇心和积极性，扼杀孩子的探索欲望。你要做的，是在一旁保护，并积极支持孩子的各种探索。

○ 爱好捉迷藏，享受空间探索带来的快乐

"今天差点把我吓死了，你说这孩子，怎么弄才好？"我刚一到妹妹家，妹妹就冲我告状。再看看小石头，一副犯了错的样子。

"怎么回事？"我问。

话音刚落，妹妹就开始说起事情的经过，还一边说一边数落小石头。经过5分钟左右，才终于把一件简单的事情说完了。

原来，今天妹妹带小石头去公园玩，小石头直奔玩沙区。妹妹见状，就在一旁的凳子上坐着，看着他。

这期间，妹妹闲着无聊，就和周围的妈妈聊起天，并不时抬头朝沙区望去。看了十几次之后，小石头都好好地玩着沙子，妹妹便放下心来。

妹妹放心地聊起天来，等到她再转过头来看时，发现小石头不见了，他的玩沙工具也消失了。环顾四周，也没有小石头的影子。

这一下，妹妹着急了，立刻起身大叫："小石头、小石头……"

同时不见的，还有另外两个孩子。这下，整个公园的人都紧张起来了，帮忙呼喊着三个孩子的名字，可是怎么喊都没有回应。

妹妹开始害怕了，并不断在脑海中猜测各种可能：孩子被坏人抱走了？跑到公园外面玩去了？掉进公园的河里了？

这时候，突然有个声音说："孩子，你怎么躲在这里？快看看，这是谁家的孩子？"一个在小树林里练太极的老人在石凳后发现了趴着的小石头。

妹妹找到小石头，他的手上、膝盖上全是泥。看到妈妈，小石头高兴极了："妈妈，你找到我了呀，我们再玩一次。"

后来，妹妹才知道，小石头玩沙时，突然有人提议玩捉迷藏，他便也跟着藏了起来，谁叫也不答应。

再后来，那两个玩捉迷藏的孩子也被找到了。妹妹平稳了一下心情，什么也没说，带着小石头回家。回到家，把他狠狠地批评了一顿。

很多孩子都喜欢捉迷藏，心理学上认为，捉迷藏能提高孩子的认知，比如让他知道，即使这个人不在视线范围内，也不代表着他消失了；还能促进他开动脑筋，交到更多朋友。

很多大人不让孩子玩捉迷藏，多是出于安全考虑。孩子由于认识不足，无法发现潜在的危险，因捉迷藏受伤甚至死亡的例子经常出现。

曾有家长告诉我，孩子喜欢藏在衣柜里，不等大人发现就不出来，有一次居然在衣柜里睡着了。还好发现得早，要是晚点，说不定会出什么事故。

父母的担心不无道理，但也不能因此阻止孩子探索。对于喜欢往衣柜里钻的孩子，可以向他展示，衣柜是放衣服的地方，没有其他作用。这样满足了孩子的好奇心，他就不会总往里面钻了。

同时，父母可以告诉孩子，如果不小心被关在衣柜，或者反锁在房间里，要使劲砸门，引起大人的注意，从而获得解救。

在孩子要求玩捉迷藏时，父母要和孩子约定好藏身的范围，不能随意乱藏。如果是和其他小朋友一起玩，不要藏太长时间，也要提醒其他小朋友注意安全。

总之，在孩子玩捉迷藏时，一定要保证孩子的安全，让他真正享受到空间探索带给自己的乐趣。

○ 垒高，推倒，再垒高，建立对三维空间的感觉

Jimmy 和 Dick 一起玩积木，只见 Jimmy 拿起一个较小的积木，想都没想，就把它放在了最下面。然后，又拿起一个较大的积木往上垒，一块接一块。

虽然我知道，这种垒法不对，但也没有阻止 Jimmy。我想通过结果让 Jimmy 进行反省，从而改变放置积木的顺序。

果然，Jimmy 刚放上第五块，"大楼"就倒塌了。不过，兴致高昂的 Jimmy 没有在意，重新把积木聚拢在一起，继续垒高。

这一次，Jimmy 没有立刻把积木放在下面，而是仔细观察了一下，似乎在考虑把哪块积木放在最下面合适。这时，Jimmy 聪明地看了看 Dick 的"大楼"，已经垒得很高了，下面放的是最大的那块积木。

看到这一点，Jimmy 也把自己最大的一块积木放在了下面，然后才把小一点的积木放在上面。Jimmy 发现，只要下面一块积木比上面大，"大楼"就不会倒塌。

等 Jimmy 垒到第 8 块时，发现 Dick 垒的"大楼"比他还高，便毫不犹豫地走了过去，一下子把 Dick 的"大楼"推翻了。积木摔在地上，发出了"哗啦"的声音，散落一地。

看到这种情况，Dick 一点也不难过，两个孩子居然高兴地笑了起来。笑着笑着，Jimmy 又走到自己的"大楼"前，轻轻一推，大楼也倒了，同样发出了"哗啦"声，两人又是一顿大笑。

笑完后，两个孩子又开始垒"大楼"，依然兴致勃勃。

在探索小空间的兴趣消失后，孩子对垒高产生了兴趣。他会一遍又一遍地垒得高高的，然后推倒，接着再垒高，再推倒，循环往复。

对于孩子来说，用于垒高的东西不只是积木，所有他能搬得动的东西，都能成为垒高的材料，枕头、靠背、书籍，甚至是其他任何玩具，创意十足。

在大人看来，这似乎是一个枯燥又乏味的过程，但是对孩子来说，却充满了积极思考的乐趣，也能让他的视觉、触觉、肌肉得到锻炼，想象力和创造力得到发展。

对于父母来说，垒高也是让孩子了解更多空间概念的好时机，而且由于是在游戏中获取的，孩子的记忆也会更加深刻。

我看到有些父母认为孩子垒高纯粹是浪费时间，是给自己惹麻烦，因为最后通常都要由他们收拾残局。我想说的是，不要阻止孩子，孩子的成长本来就不是一件省心的事情。

父母要给孩子提供可以垒高的材料。其实，不用特意去买，通常在家中就能找到很多垒高的材料，比如泡沫、纸盒、罐头盒等。

事实上，在孩子最初玩这些东西时，只是为了满足摆弄东西的需要，他可能只是简单地把东西搬来搬去，时而聚拢时而分开，或者堆堆叠叠，这种时候对于物品的要求也不高。

要注意的是，在这个阶段，没有必要为孩子买各种形状、操作复杂的积木，这会给孩子带来困难，也会打击孩子垒高的积极性。

在孩子对这些低水平的玩法厌倦后，可以考虑给孩子买一些造型多变、富有挑战性的积木，让孩子在不断挑战中提升自己的想象力和创造意识。

在孩子喜欢玩垒高的这个阶段，父母要将家中的易碎物品比如玻璃制品、陶瓷制品以及可能给孩子造成伤害的金属物品收好，防止孩子拿去垒高，造成危险。

如果有时间的话，你最好和孩子一起玩，这样既可以保证孩子的安全，也能提高孩子玩的兴致，同时增加亲子之间的亲密度，何乐而不为呢？

○ 不呵斥孩子移动物体、爬高旋转等行为

早上下楼时，又听到了赫赫妈训斥赫赫的声音："跟你说过多少次了，不要爬太高的地方，你怎么就不听呢？摔下来怎么办？"

我听说，前两天赫赫妈让赫赫爸给鱼喂食，赫赫爸没听见，倒让赫赫听到了。赫赫跑到爸爸面前，大叫："鱼！食！"爸爸没有在意，赫赫便决定自己行动。

由于鱼缸放在窗台上，赫赫够不到。他发现，在窗台前面，有一把

凳子，还有一张桌子。他便先踩在了凳子上，接着又想爬到桌子上。

但是，桌子和凳子的高度相差比较大，赫赫用了全身的力气，才把一只脚搭在了桌边，另一只脚还踩在凳子上。由于重心不稳，一下子摔倒在地上。

虽然赫赫没有哭，可妈妈还是不放心，趁机教育他："看到了吧，以后不能爬这么高的地方了！要是摔坏了，就要去医院打针吃药。"

赫赫有点被吓到了，赶紧点头。妈妈还煞有介事地说："知错就改，是个好孩子。走，妈妈奖励你一根火腿肠。"

从那天以后，赫赫一爬高，妈妈就开始大叫。妈妈一遍遍地训斥，还把儿子能搬动的小凳子全部收了起来，不准他再爬高。

真是个愚蠢的妈妈。自以为教育了孩子，自以为保护了孩子，给孩子造成的伤害远远比让他摔倒受伤还要大。

赫赫妈的做法，让我想起了 Lisa 的做法。同样是妈妈，同样是对待孩子的爬高问题，两人的方式却有天壤之别。

Lisa 的女儿 Emily 有段时间喜欢爬各种东西，沙发、凳子、床。后来有一次，她趁 Lisa 不注意，爬到了割草机上面，手被割伤了。

即使这样，Emily 的爬高欲望也没有消减，Lisa 也没有阻止孩子爬高，而是更加用心地保护着女儿的安全。

Emily 经常从各种地方摔下来，有时候会哭，有时候不会。但即使她刚刚痛哭过，也会继续爬，但会变得小心谨慎。

为了让 Emily 安全地练习爬高，Lisa 为女儿买了二手攀爬玩具。Emily 对它很感兴趣，几乎每天都用它练习攀爬。

后来，Emily 对攀爬玩具失去了兴趣，Lisa 便带她去幼儿健身房，那里有很多不同颜色和形状的器械，可以让她自由攀爬。

现在，Emily 的平衡能力非常好，很少会爬危险的东西。每当看到 Lisa 爬上爬下的样子，我就会不由自主地一脸紧张。Lisa 笑着对我说："放轻松，亲爱的。"

孩子喜欢爬高，这是再正常不过的事情了。尤其是 2 岁的孩子，好奇心强，走走看看已经完全不能满足他们的探索欲望，这时就会利用爬高扩展自己的视野范围。

由于精力旺盛，探索欲望强烈，孩子可以说是百爬不厌。这就苦了在旁边看管孩子的父母，既担心孩子伤害自己，又担心他破坏家里的东西，提心吊胆地看着孩子爬上爬下。

这样的父母还算是开明的。有些父母为了自己省事，就以保护孩子为由，限制孩子爬高，就像赫赫的妈妈一样，完全剥夺了孩子的正常需求。

事实上，爬高带来的好处是父母远远体会不到的。在孩子爬的过程中，他会认识到自己的身体和外界的关系，也会学习调整动作，避免受到伤害。

即使从高处摔下来，对孩子来说，也是利大于害。孩子会在摔倒的过程中体会到危险是怎么一回事，这是非常重要的。而且孩子爬的高度有限，也不会让自己伤得太严重。

孩子爱爬高，父母再怎么打压，也不会消失，只会让他们的欲望更强烈，偷偷背着父母爬高，可能会遭遇更大的伤害。

所以，为了孩子好，父母应该帮助孩子在安全条件下爬高，可以给孩子适当的提醒，但不是追在后面"小心、危险"地喊个不停。

同时，父母还要保证居家安全，比如在窗外加护栏、不在床边放置桌椅等利用爬高的设施、桌角装上衬垫、茶几放在远离沙发的地方、在孩子爱爬的物体下方铺上地毯或软垫、所有大物件与墙面或地面固定在一起等。

在孩子玩的过程中，父母多给孩子一些鼓励，让孩子更乐于探索其中的奥秘。

○ "你扔我捡"的游戏，让孩子体验更多空间快感

我经常收到一些让我很无奈的留言，选择其中具有代表性的两条说说：

"我儿子快 2 岁了，最近变得特别调皮。他有事没事就喜欢故意扔东西玩，玩具、水杯、帽子、衣服、遥控器这些都是他爱扔的东西。"

"关键是，儿子不止扔这些东西，他自己吃饭的碗勺、碗里的面条他也扔，饼干什么的也喜欢掰成一块块地扔在地上。

"扔完后，居然让我给捡起来。我以为他认识到错了，就帮他捡了，结果，他又重新扔了一遍，我一气之下，就打了他一顿。

"可是，这顿打的效果只维持了半天，到了晚上，孩子又开始扔东西，还拿着衣服在地上拖来拖去，真是气死我了！这样的孩子，还能教好吗？"

"我家小丫头2岁多，可淘气了，只要桌上有东西，她就会把东西全推到地上，然后装作若无其事的样子，继续寻找其他目标。

"我很生气，因为她的缘故，水杯、手机、水果等摔坏了不少。关键是我总怕她伤到自己，所以尽可能不在桌子上放东西，时刻跟在她身后，看到她想推东西就阻止。

"后来，她不再碰桌上的东西，我也放松了警惕。结果，家里的一些小物件，比如勺子、苍蝇拍、闹钟等总是不断消失，后来问了女儿才知道，全被她扔到床、沙发下面了。

"让我绝望的是，她还经常趁我不注意，把床上的被子、枕头全部扔在地上，有一次还沾上了我没有来得及清理的果汁，气得我关了她禁闭。

"这么小就不懂珍惜东西，以后还得了？我要怎么引导她爱惜物品呢？"

看了这两条留言，我真是同情这两个2岁左右的孩子，一个被妈妈狠狠打了，一个被妈妈关了禁闭，这会给幼小的心灵带来巨大伤害。

更可气的是，这两个妈妈没有认识到自己的错误，反而认为问题全在孩子身上，甚至想要扭转孩子的天性，真是让我无话可说。

为了两个孩子，我耐心地向她们解释了孩子之所以出现这样的情况，是因为他们进入了空间的敏感期。只要孩子的行为没有其他异常，就完全不必担心。

在空间敏感期之前，孩子以为，看不到的东西就说明它们没有了，而不会去寻找，所以在看不到妈妈时，孩子才会哭得那么声嘶力竭。

之后，随着认知能力的提高，孩子认识到了物体存在的事实，认识到了自己的存在和力量，也开始探索自己和其他物体的关系。

所以，孩子会故意扔东西，以感知空间、体验"物与物分离"带来的快感。当他把东西扔到地上，再由父母捡起时，他会认为父母在和他玩游戏，当然也就会扔得更欢了。

而且，这个过程能让孩子建构起自己的空间智能，发现和欣赏自己。

可是，有的父母很反感孩子这么做，认为收拾起来太麻烦、孩子不懂珍惜等，这样想自然会不由自主地做出干涉孩子的行为。

你要做的是，允许孩子扔东西，并给孩子提供可以扔的东西，比如橡胶玩具、充气球、毛绒玩具等。如果孩子执意要扔食物，要立刻阻止，告诉他吃的东西不能扔。

如果孩子年龄稍大些，可以给他买个弹力球，弹力球弹出去后会自动弹回来，会给孩子探索空间带来更多的乐趣。

经过这样一段时间，孩子的内心就会得到满足。当他对这种探索方式感到厌倦后，便会寻找其他更有趣的探索方式，我们要学会耐心等待。

○ 喜欢玩搭积木等具有空间感的游戏，感知空间

在蒙台梭利幼儿园，不到 2 岁的 Jim 最近爱上了玩积木。每天送孩子来幼儿园时，Jim 妈妈都会拎着一盒积木，Jim 也是积木不离手。

实际上，说是玩积木，不如说扔积木更合适。每天，Jim 都会走到教室的角落里——那是他的专属位置——开始一个一个地把积木拿出来，然后扔掉。

过了一段时间，Jim 开始将积木两块两块地叠加在一起，接着是四块四块地叠加在一起，到了最后，他能用所有的积木拼成一个正方体。

对于他的进步，我们幼儿园的老师全都给予了热烈的赞扬，Helen 老师甚至给了 Jim 一个大大的拥抱，并大声说："Jim，Good. Very good.（Jim，你太棒了!）"这让 Jim 非常高兴。

那天，在 Helen 老师教大家认识了大桥后，Jim 用三块积木拼成了一个小桥，他高兴地向其他小伙伴展示："Bridge!（桥!）"

大些的孩子看了小桥一眼，继续忙自己的事情；小一些的孩子则跑到 Jim 的小桥前，兴奋地讨论着："Bridge! Bridge!（桥! 桥!）"

那一天，Jim 显得非常有兴趣，到了午休时间，也拿着两块积木不放。为了不影响别人休息，Helen 老师把他带到了教室，让他自由地玩积木。

通常，我们都鼓励孩子玩积木，因为在玩的过程中，孩子能得到很多收获。玩积木可以锻炼孩子的手眼协调能力，让孩子可以做一些精细动作；可以培养孩子的观察能力和创造力；可以促进认知，促进智能发展，让孩子学到很多数学知识，培养空间感等。

不仅如此，玩积木能让孩子感到心情愉快，对于情操的培养很有

好处。而且在搭积木的过程中，孩子可以自己控制，也能让他感到满足和自信。

还有很重要的一点好处是，能培养孩子的社交能力。让几个孩子一起玩积木，能促进合作能力，互相激发灵感，比一个人玩更有趣味。

当然，积木的种类很多，玩法多样，在给孩子选择积木时，要考虑到孩子的年龄特点，才能让积木成为启发孩子智慧的工具。

事实上，玩积木没有年龄限制。在1岁前，孩子就对积木很感兴趣。那时，孩子对空间概念还很陌生，可以选择一些趣味性积木，比如布积木。这种积木通常颜色鲜艳、图案多样，能促进孩子的认知，还不会造成伤害。

对于1~2岁的孩子，积木的主要作用是垒高，可以选择一些轻便的积木，方便孩子抓取，孩子也会玩得很开心。

而对2~3岁的孩子来说，轻便的积木已经不能满足他们的需求了。他们在空间感、语言、思维、动手能力方面都有了很大进步，可以为他们准备一些标准积木。

这时候，可供选择的积木种类就非常多了，正方体只是其中一种，圆柱体、半圆体、三角体，等等，都可以让孩子有更多的表现空间。

当然，现在市场上有一些专门拼成某种物体的积木，如房子积木、小船积木等，上面都是纹理图案，方便孩子辨识，提高孩子玩的兴致。

如果有条件的话，可以在家里给孩子开辟一个游戏区，消除一切潜在危险，让孩子自由地玩。同时，父母也可以陪伴在一旁，能促进亲子关系的发展。

空间敏感期李老师给家长的教育启示

在空间敏感期，孩子喜欢扔东西、推着转椅跑、爬高和往下跳、把物体垒高推倒再垒高、钻到小空间里、转圈、插钥匙、盖瓶盖、玩积木，等等。

这些都是正常表现，是孩子在探索空间，了解物体和空间的关系，从而建立自己的空间智能。

父母要做的，就是多给孩子提供一些探索空间的材料，给孩子自由，保持足够的耐心，不动声色地提供保护，让孩子能够在空间里自由探索。

第 10 章

秩序敏感期，帮孩子保持内在秩序
与外在秩序的统一(2 岁半 ~ 3 岁)

孩子的秩序敏感期来了， 会开始要求外在秩序和内
在秩序保持统一。 这不是孩子任性或固执， 是孩子成长
的方式。 父母要满足孩子的要求， 保护孩子的秩序感。

○ 生命需要秩序，了解秩序敏感期是怎么回事

妈妈送贺贺来幼儿园，打过招呼后，我问她："贺贺最近进入空间敏感期了，他在家有什么异常表现吗？"

我之所以这么说，是因为我在幼儿园里发现，贺贺最近表现得有点不一样。

中午吃饭时，米兰老师按照贺贺的身体状况，把鸡蛋羹、青菜、鸡肉丸放进了他的餐盘里。以往，贺贺都会高兴地吃起来，这次却一言不发，气鼓鼓地瞪着老师。

看到米兰老师没有注意到自己，贺贺二话不说，就把餐盘端起来，径直走到垃圾桶旁边，把里面的菜"哗"地倒了进去。

正在米兰老师诧异的时候，贺贺举着自己的餐盘要求她放菜，还理直气壮地说："我要自己选。"接着，他用手指着餐盒中的菜说："我要这个、这个、这个。"

后来，米兰老师告诉我，贺贺选择的那三个菜，就是他刚刚倒掉的鸡蛋羹、青菜、鸡肉丸，真是让她哭笑不得。

听了米兰老师的话，我就在想："贺贺是不是进入秩序敏感期了呢？"

后来我观察发现，贺贺每次休息前，都要把自己桌上的东西收进书包里，等到用的时候，再拿出来；午休时，一定要自己盖被子，否则就会要求老师拿掉自己重新盖。

我把自己见到的事情告诉了贺贺妈，她才有所领悟似的说道："这么说来，贺贺真的是到了秩序敏感期了。"

据贺贺妈说，昨天接孩子回到家，由于天色较暗，一进门她就打开了客厅的灯，可是贺贺就是不让，因为之前每次回家时，客厅的灯都是灭着的。

还有一次吃饭时，家里来了个小弟弟，妈妈就安排小弟弟坐了贺贺的位置。结果，贺贺说什么也不愿意坐到餐桌旁。

妈妈说："你不饿吗？为什么不想吃饭？"贺贺用眼睛直直地盯着小弟弟，嘴里嘟嘟囔囔的，就是不大声说出来。妈妈见状，才明白

过来，问道："是不是小弟弟占了你的座位？"

贺贺点点头，后来，妈妈给小弟弟换了一个位置，贺贺才算是坐到餐桌前，大口大口吃着碗里的饭，一副很饿的样子。

听贺贺妈这么说，我确定了自己心中的想法。孩子进入秩序敏感期后，内心的秩序感必须与外部的秩序保持一致，否则他就会觉得痛苦，以哭闹表示抗议，要求恢复原状。

这里所说的内在秩序感，说得简单些，就是孩子上次看到某样东西的状态或者经历某件事的状态。

孩子认为，物体原来在什么位置，就应该一直在那个位置；事情原来按照什么样的程序做，就应该继续按照那样的程序做。这样能让他感觉到安全感。如果这种秩序或程序遭到破坏，孩子就会感到极大的混乱和不适。

这是孩子的逻辑思维在起作用，孩子认为，世界就是不变的，变化会让他感到恐惧，所以孩子才会天生喜欢井然有序的生活环境。

我告诉贺贺妈，在这段时间，贺贺可能还会有其他表现，比如从哪儿拿的东西，必须放回哪儿；要求大人按照一定的顺序做某件事情；要求必须由自己做某事等。

"当贺贺因为秩序感出现无理取闹的情况时，你们尽量问清原因，然后尽可能按照他的意思来做。在孩子想要让物品归位时，就要让他去做，如果他做不到，你们可以尽量帮他做……"

在秩序敏感期，孩子的一些无理的要求可能会让你抓狂。但是，即使这样，你也要尽量满足孩子，让他顺利度过这个敏感期，建立真正的秩序感。

○ "各人用各人的"，坚持物品归"主人"所有

在秩序敏感期里，Jimmy 坚持"谁的东西谁用，谁的位置谁占"，而且这种主张一天比一天坚定。

有一次，我在 Jimmy 睡前给他读故事，由于床的一侧放着新买的玩具，我便坐在床的另一侧，认真读了起来。

刚读了一会儿，Jimmy 就叫嚷起来："不要坐，不要坐。"我以为

他是想让我站着读，便站了起来，问道："这样读?"

Jimmy 又叫嚷起来："不要站，不要站。"我看着他，有些不解。

这时，Jimmy 拍了拍放玩具的地方，带着哭腔说：　"这里，这里!"

我笑了，走到床的另一侧，拿起玩具，问道："那么，我们把这个小熊放到哪里呢? 是放在床的另一侧，还是床头呢?"

Jimmy 笑了："床头。"

放好玩具后，我坐了下来，开始读故事，Jimmy 听得非常认真，再也没有闹。

另外，我发现 Jimmy 爱上了整理鞋柜。在我家，第一层放 Jimmy 的鞋，第二层放我的鞋，第三层放老公的鞋，但老公却经常乱放鞋子。

这就给 Jimmy 提供了整理的机会。通常，他每天都会查看鞋柜两次，看到谁的鞋子没有放对位置，就会归位。

参加完登山活动的老公回来后，脱了登山鞋，放在了儿子放鞋子的那一层。儿子见状，立刻大叫起来："爸爸占了我的位置，爸爸占了我的位置。"

我跑过去一看，原来，老公那一层已经放满了鞋子，而 Jimmy 的鞋子少，那一层还有不少位置，老公就把鞋放在了上面。

我把老公的鞋拿出来，同时对 Jimmy 说："爸爸的这双鞋子原来是放在阳台鞋柜里的，我们一起放回去好不好?"

在得到儿子认可后，我们每人拿了一只鞋子，放进了阳台的鞋柜里。

以后，老公在放鞋子的时候，再也没有随便乱放过，Jimmy 也再也没有因为这个问题闹过情绪。

在秩序敏感期里，孩子变得喜欢给物品、位置找"主人"，并且会在各种物品前加上主人的名字，比如"妈妈的衣服""爸爸的书""宝宝的玩具"等。

在孩子看来，每个人都应该只用自己的东西，如果乱用别人的东西，孩子就会产生混乱，做出一些举动对别人的行为进行干涉。

这种情况，在幼儿园里也非常常见。比如 Allen 哭着找老师，因为 Nina 用 David 的水杯喝水；Fanny 愤怒地打 David，因为他占了自己的位置等。

面对孩子的这种情绪，父母要做的，是立刻改变做法，呵护孩子的内在秩序。在有时间的时候，可以和孩子玩"找主人"的游戏。

游戏的具体做法是这样的：先将家里孩子熟悉的物品拿出来，然后拿起其中的一样，比如钱包，问孩子："这是谁的钱包？"

如果孩子回答正确了，可以给予肯定；说错了，也不要指责，而是给孩子一些提醒，让他记起钱包的主人。

当你真正满足孩子的需求后，孩子在秩序敏感期的这一行为就会很快消失，转而用其他方式培养自己的秩序感。

○ 喜欢做整理工作，什么东西都应放回原处

Nina 的秩序感一直很强烈。在幼儿园，东西的摆放一般都有固定的位置，Nina 的表现也不是很明显，但是在家里，就经常变成一个十足的闹人精。

我从 Nina 的妈妈 Alex 口中得知，家里的东西，特别是 Nina 的玩具，必须按照一定的顺序放好，否则，Nina 就会一直尖叫。

比如，妈妈的外套要挂在进门的第一个衣帽扣上，她的娃娃要放在玩具架的第二层，积木要放在最底层，弹力球要放在积木旁边，拼图要放在最上层，小黑板要挂在门上等。

有一次，Nina 正在玩娃娃，突然发现娃娃的衣服有一处开线了。于是，Nina 拿着娃娃找到了妈妈："妈妈，你看这儿有一个洞。"

当时，妈妈正在洗餐具，就对 Nina 说："哦，衣服坏了呢。你先放在桌上，去玩别的玩具吧，妈妈一会儿帮你缝一下。"

尽管听到妈妈这样说，Nina 却一动不动，也不肯把玩具放在桌上，继续对妈妈说："我把它放回原处好不好？"

"不用那么麻烦，放在这里就行，妈妈很快就洗好了。"刚说完这话，Alex 认识到了自己的错误，她改口说："给我吧，我现在就给缝好。"

Alex 放下洗了一半的餐具，在 Nina 的注视中把衣服缝好，然后

交给了她。拿到娃娃后，Nina 立刻放回了玩具架，满意地拿起另一个玩具玩了起来。

和 Nina 不同，Jeff 一直生活在比较脏乱的环境中，对整理和归位也没有正确的认识。他的很多习惯，都是在进入幼儿园以后才慢慢养成的。

有一次，Jeff 在玩粉红塔，他把粉红塔搭得高高的，然后推倒，接着再继续搭。玩了大约半个小时后，Jeff 显然累了，便坐在地上休息。

这时候，Nina 走过来问 Jeff："你还玩吗？"看到 Jeff 摇摇头，Nina 一手拿起一块粉红方块，把它们放进了小橱柜里。

看到 Nina 的表现，Jeff 虽然不理解，但是也跟着 Nina 一起做，拿起两块粉红方块，放进橱柜里。

看到这个情景，我对 Nina 和 Jeff 说："我看到你们一起将粉红方块放回橱柜了，这样做很好。"

在接下来的日子里，每当 Jeff 将教具弄乱后，Nina 或是其他小朋友都会一言不发地带着他归位，我也带他一起做过。几次下来，不用其他小朋友示范，Jeff 就学会归位了。

我没有对 Jeff 进行说教，也没有监督他来做，而是和他一起收拾。在这个过程中，Jeff 也被吸引过来，并且主动进行归位。

在生活中，有很多孩子在玩完玩具后，不懂得放回玩具箱。或者用完一样物品后，就让它随意放置着。父母虽然说了很多遍，孩子还是没有归位意识。

面对这种情况，你不要把归位的任务全部交给孩子做，适当帮他分担一些，在这个过程中让他树立归位意识才是最重要的。

在教孩子归位时，不要简单粗暴地说："快点收拾！"而是要把正确的方法告诉他。比如，怎么把积木放进积木盒，怎么将散落的东西聚集到一起等。

在孩子玩玩具时，如果想换一个玩具玩，就要让他先把之前玩的玩具放回原来的位置，逐渐帮他养成归位的习惯，这会影响他的一生。

第 **10** 章

○ 没有按照顺序做的事情，必须重新再做

我听朋友李曼说，小丁丁的情绪一直很稳定，可是这段时间，不知道为什么整天闹情绪，怎么哄都哄不好。她知道我在幼儿教育方面很擅长，便很无奈地向我求助。

我在楼下和李曼通了电话，上楼后，刚按了一声门铃，李曼就把门打开了，一副等候已久的样子。

可是就在这时，小丁丁突然一手扯住妈妈的裤子，一手拍打她的腿，嘴里还念念有词："坏妈妈，坏妈妈。"

"怎么回事？"我问。

"不知道啊，这孩子刚才还好好的，老老实实地坐在沙发上等你来呢。"李曼说完，不满地看了儿子一眼，"阿姨来了，闹什么闹？"

可是，小丁丁根本不听妈妈的话，依旧吵闹着。

我蹲下来，笑着问他："小丁丁，你想要做什么？"

小丁丁先是停下了手，迟疑着看了我好一会儿，终于像是认出我是上次陪他一起玩的阿姨，这才开口说："我要开门。"

李曼这才告诉我："刚才他吵着要开门，我心里着急，就先一步把门打开了。这么点小事，闹什么闹啊？"

我没有理会李曼，而是继续问小丁丁："那你想怎么做？要阿姨出门，重新按门铃，然后你帮阿姨开门吗？"

小丁丁听了，高兴地点了点头，并松开抓着妈妈裤子的那只手，两只手放在门上，一副要关门的样子。

我见状，立刻走到门外，轻轻关上了门。

然后，我开始按门铃，并大声问道："小丁丁在家吗？"这时，门开了，小丁丁露出小脑袋说："我在家。"

等我进了门，小丁丁便乖乖地走到客厅一角，坐在地上，安静地玩起积木。直到我离开前，他都没有哭闹过，情绪非常稳定。

我告诉李曼，这是孩子秩序敏感期的一种表现，他是为了维护秩序，所以才变得这么固执。当没有人愿意听他的要求时，他便用哭闹表示自己的不满。

我还给她举了一些例子，在这个时期，有的孩子愿意自己夹菜，如果大人给他夹菜，他就会挑出去，然后自己夹一遍；有的孩子穿衣服要有一定的顺序，顺序错了，就会要求脱了重新穿；有的孩子看动画片必须从头看到尾，如果被打断，就会要求从头再看等。

听我这么说，李曼突然像是想起什么似的，说道："听你这么说，我想起来了，孩子最近发脾气，好像都是因为我们没有同意他做一些小事。"

"嗯，看到小丁丁刚才的表现，我就猜到了。他的内在秩序被你们打乱了，自然会很不安，哭闹也是正常的。知道了这个原因，以后就不要事事都怪孩子不懂事了。"

被我这么一说，李曼有些不好意思了。

有很多父母有李曼一样的苦恼，但不管孩子的固执给自己带来了多少麻烦，你都应该尊重孩子，放慢速度，细心观察孩子的需要、倾听孩子的心声。

如果因为自己的失误，导致了无序现象的发生而又无法再重新来过，就要允许孩子哭闹，让他把情绪发泄出来。你会发现，孩子很快就会接纳事实。

秩序敏感期李老师给家长的教育启示

孩子的秩序敏感期来了，就会要求外在秩序和内在秩序保持统一，因此做一些让父母很难理解的行为或者提出一些让父母抓狂的要求。

这是孩子成长的方式，父母问清原因，然后尽可能按照他的意思来做。在孩子想将物品归位时，就要让他去做；想给物品找"主人"，就让他去找；想重新开始，就配合他重新做一遍。

同时，父母要创造有序的生活环境，让孩子不因外界秩序感到不安，从而建立真正的秩序感，顺利度过这一敏感期。

第 11 章

模仿敏感期，孩子在不断模仿中学习和进步（2 岁半~3 岁）

孩子变成了"模仿达人"，就仿佛镜子中的自己一样，真是让父母头疼。其实，这是孩子发展智力的一种手段，只要不上瘾，模仿一次就意味着进步一次。

○ 你做什么孩子都跟着做，意味着模仿敏感期的到来

Jimmy2 岁 8 个月时，爱上了模仿。看到我在厨房做饭，他会搬起小凳子踩在上面在旁边观看。考虑到他的安全问题，我最初很想阻止他。可是看到他渴望的眼神，我放弃了。

后来，Jimmy 开始模仿我的行为，他会自己打开橱柜，从里面拿出锅、铲子、勺子、油桶以及各种作料盒，模仿我做饭。

每当这个时候，我就会在一旁看着他。我看到 Jimmy 把油桶拿起来，假装往锅里倒油，然后又假装把菜倒进里面，接着假装放各种调料，最后假装盛出来，并邀请我吃。

我很高兴，孩子的模仿敏感期到了。通常，只要我能够保证孩子的安全，孩子愿意模仿什么，我都会让他尝试。

但是在生活中，我很遗憾地看到，很多中国父母还不习惯孩子的模仿。在孩子模仿时，还会去阻止，甚至认为这是没有主见的表现，努力想要帮孩子纠正。

一次，我坐在公交车上，车载电视正在播放一个动画片。坐在我座位前面的小男孩显然很兴奋，一边看着动画片，一边模仿里面的语言和动作。

动画片里的小兔子说："你好，小猪!"

小男孩也跟着说："你好，小猪!"

小兔子又说道："你闻闻我的花朵香不香啊!"

小男孩也做出闻气味的样子，然后跟着小猪说了一句："真香啊!"

我当时就想，这孩子的模仿能力真强，表演得也惟妙惟肖。正想着，突然传来一个很不和谐的声音："你这孩子，老实点行不行! 坐好别动!"

就这样，小男孩的模仿被妈妈无情地打断了。

到了一定的阶段，父母会发现，孩子爱上了模仿，喜欢模仿爸爸妈妈、小伙伴以及其他人的言行举止，父母怎么阻止都没有用。

孩子的精力是那么旺盛，总是不停地模仿，很多父母不知道孩子

为什么这样做，有的父母甚至认为这是孩子没有主见的表现，企图纠正孩子的这一"错误"。

其实，孩子并没有错，只是他的模仿敏感期到了。所以我们才常常说，教育前要先了解孩子，否则很有可能误解了孩子。

实际上，孩子从一出生就已经开始模仿了，只是没有那么明显。比如，孩子会模仿成人的嘴部动作。在不断的模仿中，孩子才能慢慢形成自我意识，这是孩子变得有主见的一个重要阶段。

在模仿敏感期的孩子，除了模仿父母的言行举止外，还开始模仿许多社会行为，这是孩子为了达到更高的生命状态而做出的努力。

在很多父母看来，孩子是在做无用功，是浪费精力。实际上，孩子在这个过程中锻炼了自己的观察力，也看到了外在的世界，对提高认知有很大的帮助。

相反，如果孩子在模仿时受到了阻碍，模仿行为就会滞后，必然会影响孩子智力的发展，甚至可能出现各种心理问题。

所以，作为父母，你要尝试着理解孩子，给他成长的自由，让他能够通过模仿满足内在的需要。放手让孩子完成这个过程，对孩子才是最好的帮助。

○ 模仿所见的言行举止，不论好坏

在一次讲座上，一位妈妈略带担心地问我："我 2 岁多的女儿意志不坚定，特别容易受到别人的影响。比如，看到哥哥做什么，她就会跟着做什么。学就学吧，关键是她不学好，听到其他小朋友说脏话，她也跟着说脏话。我很担心，孩子真是一点主见都没有啊。"

我笑了："你在责怪一个 2 岁多的孩子意志不坚定，没有主见吗？"

听我这么一问，这位妈妈显然意识到自己对孩子的要求有些高了。于是，她换了一个问题问我："孩子模仿好的行为，我当然赞同。可是她总是喜欢模仿别人坏的行为，我该怎么纠正她呢？"

还没等我回答，站在一旁等候的另一位爸爸就开口了："我儿子也有这个问题，好的不学专学坏的。我和我老婆说了很多次，他就是不听。因为模仿别人摔倒，上次把胳膊都磕破了。"

我没有直接回答他们的提问，因为我发现，他们高估了孩子的智力。他们允许孩子模仿，但要求孩子有分辨地模仿，这对 2 岁多的孩子来说，不是强人所难吗？

于是，我对他们说："你们的孩子都进入了模仿敏感期。孩子喜欢模仿是因为他发现了自己和别人的不同，这是孩子开始社会化的最初表现，我们要对孩子的模仿持肯定态度。"

听了我的话，两位家长点点头，等待我继续说下去。

我继续说道："其实，孩子会模仿所见的举止，不分好坏，这是他们学习的方式，他们根本分不清对错。模仿了好行为，会给他们的成长带来好处；模仿了坏习惯，会影响孩子的发展。对于两位的担心，我完全理解。

"家庭和社会是孩子学习的两大阵地，孩子在外面学了一些东西带回家，父母的态度会决定这些东西能不能长时间维持。如果我们看到孩子模仿来的坏行为，就大发雷霆，斥责孩子，只会让孩子把关注点放在这种坏行为上，从而更频繁地做出这种行为。

"对于孩子坏的模仿行为，最好的方式就是视而不见，不闻不问。孩子可能会重复一段时间，当他掌握了或者发现通过模仿并不能引起关注，就会放弃。"

讲到这时，两位家长都点头称是。

看到他们明白了，我才说出我的建议："孩子模仿了不好的行为，我们做父母的都有责任。我们要先努力做个好榜样，用正确的标准衡量孩子的模仿行为，并适当引导，这对孩子来说才是最好的。"

后来，两位家长向我道了谢，一边讨论着一边走出了会场。

2 岁半 ~ 3 岁的孩子对事物的理解有限，分辨能力也很有限。对于这样年幼的孩子，要求他们不准模仿坏行为，这是不现实的。

父母要做的，就是正确理解孩子的模仿行为，并给予适当的教导和积极的暗示，这样才能帮助孩子获得新的知识与技能。

○ 孩子每一次模仿，智力便能得到一次开发

Jimmy 拿着一本宣传册和手机过来找我，老公见状，不解地问

道："Jimmy，那是大人的宣传册，你想买上面的东西吗？"

Jimmy 没有理会老公的话，而是把宣传册放到了我的手里，同时扬了扬手机，我笑着问道："你是想玩点餐游戏吗？"

Jimmy 点点头。

我来到沙发上坐下，打开宣传册看起来，假装在看"菜单"。这时，Jimmy 问我："你想要吃点什么？"

我歪着头，假装在思考，过了一会儿才说："我要一份经典牛排套餐。"

Jimmy 重复了一遍："经典牛排？"看到我笑着点头后，他在手机上按了几下，假装在记录我点的餐。一看就知道，这是他跟点餐员学的。

等记好了，Jimmy 又问道："那你要喝点什么呢？"

我笑着问："套餐里面已经有汤了，你们这里有免费的水吗？有的话给我来杯水吧。"

Jimmy 又重复了一遍："水，好。"Jimmy 一边说着，一边又按了几下手机按键，接着问："你再看看，还需要点什么吗？这上面好吃的特别多。"

我笑了，Jimmy 这句话，是他自己的一次外出就餐感受。现在，他自己做了一些改进，变成了劝我点餐的话，真是有意思。

我做出一副拒绝的样子："谢谢，这些就够了，吃不完就浪费了。"

Jimmy 听了，意犹未尽地离开了。

后来，我们又互换角色玩了一次，我问了同样的问题，Jimmy 的回答却特别有意思。

"我要一份儿童套餐，其他什么都不需要。"

我故意诱惑他："如果再点一份奶昔，可以送你一个小玩具。"

这让 Jimmy 苦恼了好一会儿，终于，他像下了很大决心似的说道："不用了，这就足够了。"

我笑了，Jimmy 一定是记得，他上次点儿童套餐时，又点了其他东西，由于分量较多，只好打包带回家的事情，所以才会拒绝点过多的食物。

通过模仿点餐，Jimmy 学会了按照自己的饭量选择需要的食物。看到他一副认真的样子，我觉得，再让我和他玩几次，我都不会嫌烦。

孩子从出生起，就在努力感受周围的环境，并且通过感觉建立自己的内在世界。而模仿，正是他建立世界的途径之一。

从本质上说，孩子的模仿是为了学习，而非取悦父母或者故意捣乱。要想帮助孩子模仿，需要多给他各种刺激，丰富他的神经网络。

孩子的模仿不是随意进行的，在模仿前，他会耐心观察，并将模仿所需的信息灌输到自己的大脑中，确认自己可以做到，他们就开始模仿。

模仿不仅能使孩子获得技能，还能丰富孩子对世界的认知，为将来的独立打下基础。通过模仿，孩子发现自己有一定的控制能力，他的自觉意识也会觉醒。

通过游戏让孩子模仿，是促进智力发展的有效手段，让孩子在体验快感的同时，也会对父母充满深深的爱意。

所以，当孩子模仿某个社会角色时，如售货员、点餐员、收银员等，你要给予鼓励和引导，让孩子对这些角色有正确的认知，他的社会化进程也会变得更加容易。

○ 指导孩子正确模仿

娜娜 3 岁了，是个活泼可爱的小女孩，在幼儿园里也很受老师的喜爱。有段时间，我发现她一坐在凳子上，就会跷起二郎腿。

后来有一次，我和娜娜妈说起这件事，并问她家里是不是有人喜欢跷二郎腿。她很不好意思地说，最近她也发现了孩子的这一情况。

在家里，娜娜看到妈妈跷二郎腿，自己也会故意学；看到爸爸抽烟，她就拿起筷子假装抽烟；看到奶奶咳嗽，她也会故意咳个不停。家人有些哭笑不得，同时又觉得很可爱，便没有制止她。

我对娜娜妈说："如果家人都鼓励孩子模仿这些不好的行为，她就会充满趣味地一直模仿下去，直到形成习惯，到时候再去纠正，就会浪费大量的精力。"

娜娜妈点头称是，并表示回家后就和家人说，一起改正不好的习惯，给娜娜创造一个良好的模仿环境。

3 岁孩子的模仿能力很强，家人、小伙伴、周围人的一举一动，都能被他看在眼里，记在心里。但孩子的分辨能力差，很难区分自己模仿的行为是对是错。

这时候，父母要努力引导孩子，指导孩子正确模仿。很多时候，由于父母的不在意，会给孩子的身心造成巨大伤害。

浩浩和冠冠一个 2 岁 9 个月、一个 3 岁，最近两个孩子都爱上了看动画片《熊出没》。虽然大多数情况下，两个孩子都看不懂动画片的内容，但里面打架的场景，却让他们看得津津有味。

有一次，在浩浩的要求下，妈妈给他买了一个光头强使用的塑料电锯，这可把浩浩乐坏了，他立刻拿着电锯去找冠冠，向冠冠炫耀。

冠冠也想要电锯，可是浩浩不愿意给他玩。冠冠想起自己还有一把塑料刀，就拿了出来，然后提议道："我们一起玩打架吧。"

浩浩欣然点头。两个孩子就开始打打杀杀起来。冠冠毕竟比浩浩大些，很快就占了上风。就在这时，冠冠的塑料刀打到浩浩的眼上，划开了一个小口，血渗了出来。

冠冠吓坏了，浩浩疼得大哭起来。

还好冠冠力气不大，没有伤到浩浩的眼球。

动画片一直是孩子的最爱，可动画片里打打杀杀的镜头，也成了模仿敏感期孩子模仿的对象，这就不可避免地伤害到别人和孩子自己。

如果妈妈能对冠冠做好引导，选择一些生活题材的动画片，或者最好培养孩子的其他爱好，给孩子好的模仿对象，就不会发生这种事情。

其他人的行为父母不好控制，可以从约束自身做起，通常对孩子影响最大的、让孩子模仿最多的就是父母，父母做好了，孩子通过模仿好的行为，也能遏制模仿坏行为的欲望。

比如，有的父母很没有礼貌、作息习惯不好、说谎、拖拉、随便乱发脾气等，这些对孩子的正确模仿都没有好处，要努力改掉。

父母做出好的榜样，让孩子模仿正确的言行举止，在促进孩子智力发展的同时，也让自己在孩子心中的形象更加高大。

模仿敏感期李老师给家长的教育启示

到了一定的阶段，孩子会变得喜欢模仿，喜欢模仿爸爸妈妈、小伙伴以及其他人的言行举止，这说明他的模仿敏感期到了。

处在模仿敏感期的孩子，还会模仿许多社会行为，这是孩子为了达到更高的生命状态而做出的努力。对孩子来说，既能锻炼观察力，又能提高认知，还能学习到新技能。

如果孩子在模仿时受到了阻碍，模仿行为就会滞后，智力和心理发展会受影响。所以，为了孩子，父母要理解孩子，给他成长的自由，让他能够通过模仿满足内在的需要。

第 12 章

执拗的敏感期， 给叛逆的孩子 多些理解和包容 （3 岁 ~4 岁）

    3~4 岁孩子变得叛逆， 意味着进入执拗敏感期。 在这个敏感期里， 孩子最喜欢做的事情就是和父母做对， 不让做什么偏做什么， 父母需要有更多的理解和包容。

○ 孩子变得叛逆，是因为迎来了执拗的敏感期

很多父母都发现，三四岁的孩子突然变得执拗、任性而又叛逆，不管父母说的正确与否，孩子都一律拒绝。如果父母没有按照他的想法去做，便会大发脾气，大肆吵闹一番，时不时挑战父母的极限。

小石头也经历过这样一段时期，用妹妹的话来说，那段时间真是她出生以来最累的一段时间，比高考还要累。

那时，小石头表现得比一般孩子都不听话。

吃饭时间到了，妹妹让他吃饭，他双手叉腰，义正词严地拒绝："不吃。"该洗澡了，妹妹喊："小石头快来玩水。"他依旧不配合："不玩。"……

这样的时候多了，妹妹就忍不住冲小石头吼叫，结果，小石头立即反抗。家里哭声、扔东西的声音不断，情况更加糟糕。

有一次，小石头要求爸爸把拆开的饼干袋重新封好口，一副不依不饶的样子。被纠缠得没有办法，爸爸用胶带把封口粘了起来。

"不是这样的，不是这样的。"小石头带着哭腔说。同时，他又拿起另一袋饼干，指着饼干的封口说："要这样的，要这样的。"

原来，小石头是要爸爸把封口恢复原样，这一点，爸爸自然做不到，便有些生气地说："你要，我也没法给你恢复原样，去，到一边玩去！"

爸爸的话惹恼了小石头，他不讲理地大哭起来，妹妹感觉头都大了。她努力克制住想要发火的冲动，蹲下来对儿子说："这个封口和原来不一样了。"

小石头的哭声立刻低了下来，他重复着妈妈的话："封口不一样了。"看他的样子，显得特别委屈。

妹妹看这一招有效，便抚摸着儿子的头继续说："拆开了，就不能和原来一样了。"语气很平和，语速也很慢。

小石头又重复了妈妈的话："拆开了，不一样了。"

就这样，妹妹说一句，小石头跟着重复一句。过了十几分钟，小石头突然跑到了窗帘后面，伸出头来，原来他想要玩捉迷藏。

妹妹无奈地笑了。以后再面对小石头的蛮不讲理时，妹妹总是努力抑制心头的怒火，和小石头"斗智斗勇"，上演一部又一部"三十六计"。

小石头是进入了执拗敏感期。什么是执拗敏感期？说得简单一点，就是孩子在幼儿阶段的叛逆期。

提起叛逆期，一般容易想起青春期。没错，人的一生有两个叛逆期，青春期是其中一个，另一个在 3 岁到 4 岁之间，就是执拗敏感期。

孩子为什么会变得那么执拗呢？

一般来说，孩子在 3 岁左右时，心里就有了自己的秩序，希望外界都按照自己心中的秩序运行，这是秩序感发展的更高一级状态。

换句话说，孩子对外界已经有了自己的设想，认为事情必须按照他的设想进行，如果没有，他就会变得不讲理，这实际上是他在发泄自己的情绪。

其实，每个人都经历过这样一个时期，它是心理发展的需要，也能进一步促进独立意识的产生，是成长中必不可少的一个阶段。

就像秩序敏感期一样，孩子的执拗敏感期也不会以父母的意志而转移。与其用呵斥、指责试图让孩子屈服，不如坦然接纳，多些忍耐和宽容。

其实，当我们能够理解孩子，接纳孩子的情绪后再进行积极引导，往往能收到很好的效果，让孩子快乐度过这一特殊时期。

○ 执拗期，孩子对洗手有一种本能的排斥

叮叮到我们幼儿园时，已经 3 岁了，但却显得很怕生。最初，我有点担心他能不能适应幼儿园的生活，很快，我就发现他和其他小朋友打成了一片。

后来，我发现，与其他小朋友相比，叮叮很排斥洗手。每次吃饭前，其他小朋友都认真洗手，他却沾沾水就了事，还问老师："我可不可以不洗手？"

我们有位老师是这样回答他的："可以哦，老师不会强迫你的。不过，老师要告诉你，不洗手的话，你手上的细菌容易吃到肚子里，

可能会肚子疼，也可能需要打针吃药。你自己决定吧。"

叮叮已经对细菌、打针吃药有了一定的概念，听到老师这么说，显得有些犹豫。这时，旁边的乐乐对他说："你看我的手，多干净啊，还香香的！"说完，还把手伸到叮叮鼻子下方，让他闻闻看。

叮叮笑了，主动跑回去仔细洗了洗手，洗完后，他把手伸起来："老师，你闻闻。"我蹲下来闻了一下，笑着说："真好！"

叮叮听了，满意地跑去吃饭了。

随后的几天，叮叮变得爱洗手了，每次都主动洗得干干净净，甚至和其他小朋友比，看谁洗得最干净。

我把这一情况告诉了叮叮妈，叮叮妈奇怪地说："奇怪啊，叮叮在家根本就不愿意洗手，每次总要强迫他洗才行，结果，每次洗手，叮叮都哭得很厉害。"

事后，我问了叮叮，叮叮想了想说："家里没有小鱼肥皂，妈妈洗，疼。"我明白了，在家里洗手时，叮叮感觉不到一点快乐，所以才会拒绝。

很多孩子都不喜欢洗手，尤其是到了执拗敏感期，孩子会故意拒绝洗手。如果父母硬来，孩子就会用哭来表示抗议；如果耐心引导，孩子也会很容易爱上洗手。

其实，洗手和培养其他好习惯一样，都需要父母根据孩子自身的特点进行。看看孩子对什么感兴趣，便想办法让洗手和孩子感兴趣的事情结合在一起，孩子也容易接受。

如果你试图和孩子讲道理，孩子必然会用行动告诉你："你说的，全都是废话。"这样一来，孩子自然也不会愿意配合你的"教育"。

Jimmy 从小就喜欢洗手，每次他玩完游戏或者吃饭前，我总会对他说："Jimmy 今天好棒，可是小手很脏啊，我们去洗洗吧。"这时，Jimmy 就会高兴地用自己的小肥皂洗手。

等他洗完，我会大声说："哇，Jimmy 洗得好干净啊。快让妈妈看看，小手是不是变白了？是不是变香了？"这时，Jimmy 总是咯咯直笑。

让孩子洗手，就要把主动权交给孩子，让他自己去洗。父母帮孩子洗手，孩子感觉不到其中的乐趣，自然会抵触。

有条件的话，可以专门给孩子准备一个低矮的洗手池。没有条件，就给孩子准备一个可爱的小盆，选一块他喜欢的儿童香皂或洗手液，让他自己洗手。

孩子洗手时把水洒在盆外是正常的，你完全不用大发雷霆，认为孩子给你惹麻烦。孩子自己洗手的次数多了，这种情况慢慢就会好的。

如果孩子不喜欢香皂，可以给他选择一款好的洗手液。比起香皂来，洗手液更方便，而且泡沫也多，很容易受到孩子的青睐。

在孩子特别累、闹脾气不想洗手，或者在外面无法洗手时，可以用湿纸巾帮助孩子擦手，这样既能保证卫生，也能让孩子意识到，必须让手保持干净。

其实，引导孩子洗手的方法有很多，如在水里放玩具、和孩子玩洗手游戏、一边唱歌一边洗手等。只要你有心，总能让孩子爱上洗手。

○ 孩子太固执，让他往东他偏偏偏往西

3~4 岁时，孩子突然变得很有主见，对什么事情都有自己的想法，虽然很多想法在大人看来都很幼稚。而且，孩子还爱上了挑战父母的权威，让他往东他偏往西。

有一段时间，Jimmy 变得爱自己拿餐具，如果我说："我帮你拿餐具吧。"他会立刻拒绝；而有时，他会要求我为他做事，如果我的回答是"等一会儿"，他就会很不高兴。

有一次，我听到 Jimmy 唱歌。他原本唱得很好，可是这段时间却故意唱错，不是多唱一个字，就是故意跑调。

还有一次，我做了点淡奶冰淇淋，Jimmy 吵着要吃。我用勺子舀了一小口，慢慢递到他的嘴边，同时嘱咐道："凉，慢慢吃。"

Jimmy 心急，一口把冰淇淋吃进嘴里，结果由于太凉，又吐了出来。结果，那一小口冰淇淋就掉到了地上。

Jimmy 着急了，立刻用手去抓，想重新放到嘴里。可是，不管 Jimmy 怎么抓，都抓不到。我对他说："妈妈再给你吃一口。"

"不，我不。"Jimmy 哭了，"我就要地上的，就要，就要。"

我知道，Jimmy 会固执地哭一会儿，便没有阻止他。等他哭完

了，我才对他说："冰淇淋化了，不能吃了，我们把它打扫干净，再给你吃一口新的，好不好？"

Jimmy 知道，就算他再哭，地上的冰淇淋也不能重新跑到他嘴里。他点了点头，随着我一起把地板擦干净，不再闹了。

在执拗敏感期，你怎么教育孩子，对他的成长非常关键。你是打压还是安抚，是斥责还是理解，会换来不一样的孩子。

有些妈妈对我说："我虽然理解孩子，对孩子也很宽容，可是我的婆婆却认为我是在溺爱孩子，会把孩子宠坏，总是干涉我的教育，怎么办？"

我承认，这些妈妈所说的现象在家庭中是普遍存在的。面对这种情况，妈妈们最好让其他家人知道执拗敏感期的相关知识，同时统一教育策略，宽容、温柔地对待孩子。

孩子的能力很有限，但却很想独立。父母眼中孩子逆反的行为，其实就是他想要独立的信号。如果事情没有危险，孩子也能独立完成或完成其中的一部分，就可以放手让孩子去做。

父母要做的，就是适时给予鼓励，在孩子不知道如何继续做时，给孩子一定的提示，这样就足够了。

孩子执拗，父母不能不闻不问，要给予孩子更多的耐心，多沟通，了解孩子的想法，尽可能地减少他对父母的排斥心理。

每当听到我的这一观点，很多父母就会说："我也很想理解孩子，可是他的有些要求实在很无理，根本无法做到怎么办？"

能提出这种问题的父母，一般在做事时也很少会变通。在孩子不讲理时，否定或解释都是没用的，要想办法诱导孩子，转移他的注意力，或者让他主动退让。

比如，孩子不愿意起床，你可以先把他的衣服拿出来，问他："你今天想带谁出去玩呢？是小熊还是小狗呢？"这时，孩子的注意力就会被吸引，指出自己想穿的衣服。

当然，有一点要注意，对于孩子合理的要求可以让步，而不合理的要求坚决不能让步。一味地迁就，真的有可能使宽容变成溺爱。

如果有办法让孩子转移注意力最好，如果孩子耍赖，那就冷处理，让他哭、让他闹，等他发泄完了情绪，再去安慰。

只要你用心，就能轻松应对孩子的固执。在这个过程中，不仅孩子得到了成长，你也会获得很大的进步，为孩子以后的教育打下基础。

○ 孩子施展"暴力"，可能是受到了暴力教育

小区的小利最近变得很暴力，一个才3岁多的孩子，天天喊打喊杀。如果只是喊喊也就罢了，关键是他还出手打人。

小利的妈妈以为，孩子很小，还不懂什么是"暴力"，只是在闹着玩而已。对于她的这一不负责任的说法，我很不赞同。

3~4岁的孩子已经懂得控制自己的手，对于"打人"这个概念也有了一定的理解。此时他打人，就是故意为之，试图宣泄自己的不满。

一天，小利又在小区里打人了，把一个比他小一点的孩子打哭了。据说，小利把那孩子的眼睛都打肿了。

后来，我看到小利妈妈，问起他那天的情况。她瞪了儿子一眼，一脸无奈地说："这孩子，真是越来越难管了，要是卖孩子不犯法，我真想把他卖了。"

我看到，小利一副无所谓的样子，显然这话他已经听过很多次了。我问："在家里，你们也打孩子吗？"

"嗯，不听话时，除了打，还有其他办法吗？"小利妈妈一副理所当然的样子。

"那么，"我犹豫了一下，然后问道，"你回想一下，孩子打人前，是不是也在家挨过打？"

小利妈妈想了想，回答说："好像还真是。你的意思是说，因为我们打了孩子，他才会去打其他人？"

我点点头。

通常，在孩子有了自我意识、想按照自己的想法做事时，父母却误以为孩子惹事。为了让执拗的孩子屈服，选择了打的方式教育孩子。

从表面上看，这种方法非常有效，孩子立刻就听话了。但实际上，孩子只是在有策略地假装听话而已。

有的孩子被父母打后，由于力量太小，不能打父母，便会打玩具或者其他小朋友出气，这是他在发泄自己的不满。

有的孩子却选择了欺负其他小朋友，以发泄自己的负面情绪。比如，爸爸打了他的屁股，他便会打其他小朋友的屁股等。

面对这种情况，一味指责孩子，要求孩子改正是治标不治本。重要的是，父母要控制自己的行为，不用打骂的方式教育孩子。

以暴力的方式对待孩子，会伤害孩子脆弱的内心，他会误以为父母不理解自己、不爱自己，便会找机会把心中的不满和委屈发泄出来。

孩子的思维还比较单纯，并不懂得如何发泄这些情绪。如果他受到了暴力对待，便会想到用同样的方式来发泄。

你千万不要以为，孩子打人只是闹着玩，如果放纵不管，很有可能让孩子爱上暴力，以为暴力可以解决一切，长大后必然要吃亏。

孩子毕竟还小，很多时候无法控制自己发泄的欲望，但父母是成年人，必须学会控制自己的情绪，在孩子叛逆时，也要控制好自己的行为，不施加暴力。

还有一点要注意的是，在很多家庭里，父母喜欢一个扮"白脸"、一个扮"黑脸"，这是很不恰当的，应该用同一种策略对待孩子。

其实，不管孩子是不是处于执拗敏感期，都需要父母的理解和关怀。父母用温柔的方式对待，也会得到一个温柔的孩子。

执拗的敏感期李老师给家长的教育启示

三四岁时，孩子会突然变得执拗、任性而又叛逆，如果自己的想法没有得到满足，便会大发脾气，这说明孩子进入了执拗敏感期。

一般来说，孩子在3岁左右时，心里就有了自己的秩序，希望外界都按照自己心中的秩序运行，这是秩序感发展的更高一级状态。

孩子的执拗敏感期不会以父母的意志而转移，所以父母要坦然接纳，多些忍耐和宽容，理解孩子的情绪。之后，再进行积极引导，往往能收到很好的效果。

第 13 章

色彩敏感期， 孩子的世界变得多姿多彩起来 （3~4岁）

进入色彩敏感期， 孩子开始盯着带着鲜艳色彩的东西看， 并在生活中寻找各种颜色， 喜欢涂鸦。 父母不要强行干涉， 要引导孩子， 完善对色彩的认知。

○ 孩子对鲜艳色彩很敏感，意味着色彩敏感期的到来

3~4岁是孩子对色彩的敏感期，孩子开始对色彩产生感觉，喜欢认识色彩。而在选择物品时，也开始在意它们的颜色，并且在生活中主动认识颜色。

我带着Amy出去玩，在公园里遇到过这样一对父子：

儿子在前面兴奋地走着，爸爸在后面不紧不慢地跟着。

这时候，儿子看到了盛开的合欢花，转身问道："爸爸，这个是什么颜色？"

爸爸看了一眼，说："紫色。"

儿子听了，自己重复了几遍"紫色"，又高兴地往前走。过了一会儿，他又看见了一朵粉红色的花，再次转身问道："爸爸，这个是什么颜色？"

"粉红色。"爸爸顺着儿子指的方向看了一眼，然后说道。

儿子听了，又重复了几遍"粉红色"。接着，又继续往前走。

这个孩子进入了色彩的敏感期了呢，我在心里想着，如果这个爸爸能一直对孩子充满耐心，孩子今天的收获一定会很大。

我正这么想着，突然听见小男孩又提问了："爸爸爸爸，这个也是紫色吗？"爸爸变得没有耐心起来："别问我，自己看，我在想事情呢。"

男孩有些失望了，虽然他还是左看右看，但再也没有问过爸爸一句。

等到男孩和他的爸爸走远了，Amy才小声对我说了句："那个爸爸好凶啊。"我点点头，表示赞同。

孩子进入色彩敏感期后，会对各种鲜艳的颜色感兴趣，可能会不停地问："这是什么颜色？那是什么颜色？"对于一些表示色彩的词，孩子也喜欢重复。

在这个时候，就要及时对孩子进行颜色教育，让孩子辨认各种颜色。

我认识一个年轻人，在各方面都比较优秀，唯独在识别色彩方面有障碍。他不是色盲，只是不知道各种颜色的相应名称而已。

这个年轻人告诉我，他小时候，最先认识的就是绿色。当时，他只要看到绿色的东西，就会很兴奋。

有一次，他的妈妈问他："儿子，你手上的小青蛙是什么颜色

的?"他看了看,想都不想就回答:"绿色。"

"很棒啊。那你再看看,你穿的鞋子是什么样的?"妈妈又问。

他低头看了看鞋子,迟疑了一会儿,回答说:"绿色的。"

妈妈听了很失望,因为他的鞋子是褐色的,和绿色相差很大。妈妈说:"唉,没有想到我儿子是个色盲,倒也省得我再教了。"

后来,妈妈就没有教过他认颜色,而他在长大后虽然自己学了一些颜色,但是对于一些有细微差别的相近色,他还是辨别不出来。

在色彩的敏感期,父母一定要注意教孩子辨别各种颜色,这样能让孩子发现颜色的美,也会让他的生活多姿多彩。

○ 抓住色彩敏感期,健全孩子的智商和情商

有妈妈问我:"儿子 3 岁多了,可总是分不清各种颜色。如果我在几张红色卡片里放进一张绿色卡片,儿子很容易把绿色卡片拿出来,而且口齿清晰地说明是绿色。但是,一旦我单个教他颜色,他就会乱说,我该怎么办呢?"

我很清楚,彩色的环境可以激发孩子认识颜色的欲望,孩子学会区分后,对于认识事物、培养美感和发展智力都有很大的好处。

其实,这个妈妈的做法稍加变通,就能成为教孩子认识颜色的好方法。还用卡片为例,妈妈可以将绿色卡片与其他颜色的卡片混在一起,然后拿起绿色卡片对孩子说:"这是绿色的卡片。这个不是绿色的。"

这样一来,通过强调绿色卡片,让孩子记住绿色。当指着其他绿色的物品询问孩子时,孩子如果能正确说出绿色,或者能主动找出绿色的东西,就可以教他另一种颜色了。

在教孩子认识颜色时,不要过于着急,可以先从红色开始教起。通常按照红——黑——白——绿——黄——蓝——紫——灰——棕(褐色)的顺序教起,会让孩子更容易接受。

有些妈妈比较心急,恨不得一下子就让孩子记住所有颜色,这样对孩子认识颜色反而是一种妨碍。可以先教孩子认识一种颜色,比如红色,然后和他一起寻找周围红色的物体,孩子很容易就会记住。对于其他颜色,也可以使用这种方法记忆。

Donna 用游戏的方式教女儿 Lily 认识颜色的过程,就很值得中国的父母学习。

当时,Lily 对各种颜色非常感兴趣,但她对于各种颜色相应的名

称并不是很清楚，有时候会指着红色说是黄色，指着黄色说是绿色。

Donna 一点也不气馁。她认为，每个孩子的情况不一样，在认识颜色上需要的时间也不相同。即使在 Lily 一个月都没有记住一种颜色时，她也这样坚信着。

在 Lily 认识了红色和黄色后，Donna 决定让她练习区分两种颜色。她买来红色和黄色两种水果盘以及红黄两种颜色的塑料球，让 Lily 练习分类。

Donna 耐心地解释，让 Lily 明白了游戏的规则，在一定时间内，将红色的球放进红色的盘子里，将黄色的球放进黄色的盘子里。

Lily 很高兴地玩着这个游戏，不知是不小心还是不在意，Lily 把一只黄色的球放进了装红色球的盘子里。等到游戏结束时，Donna 让 Lily 再检查一遍，Lily 果然发现了错误，立刻纠正过来。

就这样玩了一段时间，Lily 彻底认清了红色和黄色。

教孩子认识颜色是一个漫长的过程，最好采用游戏的方式进行。可供选择的游戏有很多，比如教孩子认识红绿灯，从而掌握红黄绿三种颜色；教孩子玩找颜色，让孩子找出与样本一样的颜色；可以让孩子涂色，看看他对色彩的认识和记忆情况等。

特别要注意的是，在教孩子认识颜色时，一定要正确。如果孩子最初对颜色记忆有误，想要纠正会非常困难。

当然，孩子认识颜色是一件非常自然的事情，完全没有必要过分担心。平时多给孩子一些认识颜色的机会，孩子接触多了，就会逐渐认识的。

○ 孩子观察小东西，正是培养专注的好时机

有位年轻的爸爸听完我关于敏感期的系列讲座后打电话问我："不是说孩子进入关注细小事物的敏感期后，会仔细认真地观察吗？可为什么我儿子观察了一会儿后，就不愿意观察了呢？"

我知道，这位爸爸对关注细小事物的敏感期有一定的误解。我的确是在讲座中提到，敏感期的孩子有观察细小事物的表现，有的孩子甚至可以一看就是一两个小时。

但是，这并不意味着每个孩子都是如此，就算是在关注细小事物的敏感期，每个孩子的情况也不尽相同。

后来，我把上面这段话讲给他听，并询问他孩子观察时怎么不

用心。结果听完他的话，我哑然失笑。不是孩子不专注，是他打扰了孩子的观察。

通常，孩子遇到感兴趣或者好奇的事情后，会非常愿意去探索。尤其是孩子没有见过的新鲜事物，更会让孩子感觉兴致勃勃。

这种时候，就应该放手让孩子去观察。可是这个爸爸呢？他希望孩子在观察中学到各种知识，就在孩子观察的时候不断和他说话。

比如，当他发现孩子在观察花朵的时候，他就会说："儿子，你看，这个是花瓣、这个是花蕊、这个是花萼、这个叫花朵。"然后，他还会把花瓣掰开，让孩子看花朵的各个组成部分。

原本，孩子可以通过观察获得的感觉，全部被爸爸破坏掉了。而且，如果孩子不听爸爸的，爸爸就会指责孩子不够专心。

这样的时候多了，孩子就变得不想观察。因为他知道，一旦自己观察了什么东西，爸爸就会在他耳边不断地说话，还有可能指责他一番。

我建议这位爸爸，不要强制性地培养孩子的观察能力。通常，孩子是对一个小事物感兴趣后，才会主动观察，父母过于主动地引导反而不好。

以后在孩子观察的时候，尽量不要打扰他。就算有什么着急的事情等着孩子去做，比如要让孩子吃饭、洗澡等，也不要打断他。

一旦打断，实际上就是破坏了孩子的认识过程。要多给孩子一点时间，等他观察完，他会主动配合父母。

后来，这个爸爸又问我："那在孩子观察时，我应该做些什么呢？"

我说："你只需要陪在孩子身边就行了。如果孩子在观察时提出了问题，你就耐心回答；如果需要你帮他做点什么，你就帮助他做；如果孩子观察完后满意地离开，你就跟着他走。"

"就这么简单？"他有些不相信地问。

"简单吗？可是很多父母都无法做到这一点。"我笑了，"在这个过程中，最困难的是克服自己想要干涉孩子的欲望。你做到这一点后，再谈培养孩子的专注能力吧。"

话虽如此，我很清楚，孩子在无人打扰的观察时，很容易变得专注起来。只是我不希望这个爸爸用过高的期望要求孩子，所以才故意这么说。

听了我的话，这个爸爸决定一试。

培养孩子的专注力，本来是件非常自然的事情，可是由于父母过多的干涉，导致孩子这种能力得不到巩固，你一定要避免犯类似的错误。

○ "这是蓝色"，孩子开始在生活中寻找不同的颜色

这段时间，皓皓对颜色越来越敏感了，每次都能听到各种颜色从他嘴里蹦出来，让我们的生活仿佛多了许多色彩。

那天，我和小赵老师站在幼儿园门口迎接孩子们上学。这时，皓皓走了过来，先是打量了我和小赵老师一眼，然后高兴地说："李老师的裙子是白色的。赵老师的裙子是红色的。"

我笑了："皓皓说得非常正确。"

皓皓得意地笑了笑，向我和小赵老师问了好，轻轻地抱了抱我们，才高兴地跑着进入了校园。

而在校园里，皓皓也开始用颜色描述各种东西。

"老师，我的肥皂是蓝色的。"

"老师，莉莉的黄手帕真漂亮。"

"月月，你的红色自行车真好看，能让我骑一会儿吗？"

我很高兴皓皓对色彩这么敏感，而我和皓皓交流时，也故意问他一些颜色的名称或者使用一些表示颜色的词汇。

"皓皓，让老师看看你的书包呢，上面有只小猫。小猫的尾巴是什么颜色的？"

皓皓等着小猫的尾巴，没有说话。

我没有催促，等着他开口。

皓皓终于开口了："是黄色的，不过……嗯……这个尖尖上面有点红色。"我仔细看了一下小猫的尾巴。果然有一点红色。

难怪皓皓刚才观察了半天，他是在大脑中思考怎么用一个词描述两种颜色。我笑了，夸奖了他的观察力，这让他很高兴。

我后来把皓皓在幼儿园里的表现告诉了他的父母，并且要他们配合皓皓的色彩敏感期，多带他在生活中寻找不同的颜色。

比如，可以问问孩子玩具的颜色，或者让孩子寻找和玩具颜色一致或相近的东西，在玩的同时也能让孩子认识和区分颜色。

很多孩子都会对食物感兴趣，可以教孩子辨认食物的颜色，比如各种水果的颜色、蔬菜的颜色、根茎类事物的颜色甚至是各种调味料的颜色，都能让孩子在乐趣中学习颜色。

对于认识颜色来说，最好的莫过于带着孩子到大自然中去。大自然中颜色最为丰富，孩子一边呼吸着新鲜空气，一边看着多彩的事

物，心情也会非常愉悦。

皓皓的父母按照我说的去做了，在这个过程中，他们发现，皓皓在描述颜色时很有创造力，还很机智。

比如，有一次皓皓妈妈问他："你看看，看看茄子是什么颜色的？"这个颜色皓皓昨天刚刚学过，但是很明显，他好像记不清了。

皓皓一直盯着茄子看，同时小脑袋也在飞速地旋转着。突然，他大声说："我知道了！这个是葡萄的颜色。"

皓皓妈妈一听，当时就乐了，儿子真是聪明，虽然忘了"紫色"这个说法，但是想到了茄子和自己平时最爱吃的葡萄是一种颜色，就故意替换了概念。

妈妈夸奖了皓皓："皓皓真是聪明，茄子和葡萄是一个颜色，都是紫色。你看看，紫色的茄子是不是很漂亮啊。记得啊，这个是紫色。"

"记得了，是紫色。"皓皓努力地点了点头。

认识颜色是孩子需要学习的一种能力，父母可以从生活中的各种物体、美丽的大自然入手，让孩子在认识颜色的同时，也提高对事物的认知能力。

○ 喜欢涂色，给孩子色彩鲜艳的涂色笔、涂色书

我带着 Amy 去找小石头玩，由于 Amy 最近对涂色很感兴趣，我便随手在包里装了两套涂色书。这样，即使小石头临时起意要一起玩，我也可以应对。

到了妹妹家，玩了没有多久，Amy 就向小石头提议："我们一起玩涂色吧。"小石头有些为难，他问："万一涂不好怎么办？"

Amy 不明白小石头的意思，我也不太清楚，就转头看向妹妹。妹妹立刻搂着小石头说："没关系，乖儿子，涂不好也给你奖励。"

我把书和彩笔拿出来给了 Amy，Amy 立刻高兴地涂了起来。而小石头只是坐在 Amy 旁边看着，并不动手，好在他看得也非常入神。

"小石头到底怎么回事？"趁着两个孩子一起玩的工夫，我问妹妹。

妹妹说："都是我不好，刚开始小石头特别喜欢涂色，总是乱画乱涂。看他玩得高兴，我就买了涂色书，并告诉他不准涂到线外，否则就没有奖励。

"听了我的话，小石头涂色也变得小心了，可总是免不了涂到线外。时间长了，小石头就觉得很失望，便不再涂色了。"

听了妹妹的话，我给她说了我教 Amy 涂色的经过。

Amy 第一次涂色时，便喜欢上了这个过程，她会抓起彩笔乱涂一气，并且故意把颜色涂出界。同时，她根本不按照涂色书上示范的颜色涂，而是尝试着使用各种颜色。有一次，我看到她涂的一朵小花，居然把 24 种颜色全部用了一遍。

有一次，Amy 涂色好像上了瘾，一直涂，最后居然把一本涂色书都涂完了。我对她的精力很诧异，同时也被她对彩色的执著深深地感动。

3~4 岁的孩子眼球发育完善，对美也有了执著的追求，这时候让孩子练习涂色，能训练孩子的审美，同时还能让孩子练习拿笔，为以后学习写字打下基础。

通常，用于涂色的图案简单、形象生动，对孩子来说简单易涂，涂完以后又能看到各种可爱的图案，让孩子感觉充满乐趣。

在教孩子涂色时，如果不注意方法，很容易犯小石头妈妈那样的错误，结果让孩子对涂色失去兴趣。

在最开始接触涂色时，很多孩子不知道怎么涂，不管轮廓在哪，只想按照自己的心意快速涂完，完全不理论涂出来的效果如何。

这是正常的，没有哪个孩子一开始就会涂色，需要父母帮他进行一定的训练。开始时，可以不顾及轮廓，只要求孩子顺着一个方向涂。

在孩子熟悉这一步以后，再要求孩子尽量涂得密一些，线与线之间不要留有空隙，同时注意尽量不要涂到轮廓外面。

孩子年龄小，动手能力还不强，不要让孩子长时间涂色，更不要用奖励的策略鼓励孩子涂色，那样会降低孩子涂色的乐趣。

那天，直到 Amy 涂完了一页，我问小石头愿不愿意试一试时，他还是摇摇头。看到这一幕，妹妹更加后悔了。

既然让孩子涂色，就给他自由，让他自由地涂。你可以多观察，但一定要尽量少干扰，这样孩子才能专心做事，体会到更多的乐趣。

色彩敏感期李老师给家长的教育启示

3~4 岁是孩子对色彩的敏感期，孩子开始对色彩产生感觉，喜欢识别各种颜色。对于不认识的颜色，会不停地问："这是什么颜色？那是什么颜色？"

同时，在选择物品时，也开始在意它们的颜色。对于一些表示色彩的词，也喜欢重复，并且主动学习应用。

在这个时候，父母一定要及时对孩子进行颜色教育，教孩子辨别各种颜色，让孩子形成自己的审美，让他的生活多姿多彩。

第 14 章

人际交往的敏感期，鼓励孩子自己建立和维持友好关系（3~4 岁）

孩子开始尝试与周围的人建立关系，并对交换产生浓厚的兴趣。由于不懂交际技巧，在交往中常常出现各种问题。父母不要过多干涉，鼓励孩子自己解决矛盾。

○ 开始寻找朋友，3～4 岁孩子的人际关系进入敏感期

在孩子的成长和发展过程中，人际交往的敏感期是一个很重要的时期，体现了孩子对关系的需求。在日常生活中，人与人也是由于各种关系联系在一起的，可是说孩子在这个敏感期发展如何，直接关系到他以后人际关系的发展。

Jimmy 上幼儿园没几天，每天都会提醒我将一些零食装进他的书包里。我故意问他为什么，他很郑重地告诉我："我要和其他小朋友一起分享。"

就这样，我按照他的话装了 2 个月的零食后，Jimmy 突然告诉我不用再给他装零食了，而是要多给他带一个玩具。

我知道，在孩子与人交往时，最初用来连接和维持关系的，就是食物。Jimmy 应该也是出于这样的想法，才把零食带到学校，和其他小朋友分享。

但是，这样过了 2 个月后，Jimmy 渐渐意识到，食物并不是一个好的媒介。一旦零食被吃掉了，关系就没有办法维持了，所以他必须找一个不会消失的东西来顶替食物的位置。

聪明的 Jimmy 很快发现，这个好的代替品便是玩具。于是，他经常把玩具给别人玩，以获得友谊。有时，为了维持一段关系，他甚至会把自己最喜欢的玩具送给别人。

而且在那一段时间，Jimmy 爱上了交换，有时是交换食物，但更多的是交换玩具。这样的举动确实让他交到了两个朋友，但维持的时间都不长，很快，Jimmy 便放弃了这一做法。

我后来给 Jimmy 买了一些社交方面的图画书，书的启发加上 Jimmy 的实践，使他终于意识到，志同道合才是交朋友最可靠的因素。

所以到了这个阶段，Jimmy 开始寻找和自己有相同爱好、能相互理解的朋友。Jimmy 在国内最好的朋友峻硕，就是在这时认识的。

Jimmy 当时告诉我："我和峻硕做了朋友。"我问他原因，他想都不想就说："他理解我，今天我摔倒了，其他小朋友都笑了，只有他对我说'很疼吧'，还一直陪着我。"

我很高兴，经过大半年的探索，Jimmy 终于明白，用食物、玩具换不来真正的朋友，需要彼此志趣相投、相互理解，才能获得较长时间的友谊。

而且，在这个过程中，Jimmy 有时会控制对方，有时则会被对方控制，也因此产生了不少矛盾。但我都没有干涉，而是让他自己学会调整。一段时间后，我发现 Jimmy 学会了在交往中妥协，以使关系更和谐。

人际关系的敏感期根据孩子本身情况的不同，维持的时间也不一样。对于父母来说，即使再着急，期间发生各种问题，也应该让他完成这个过程。

在这个过程中，父母最好摆正自己的姿态，作为一个旁观者而不是导演，让给孩子机会自己处理问题，等到实在解决不了时再出手相助。

但是，即便是帮助孩子，也不是直接干涉，而是作为一个指导者，引导孩子找出处理问题的原因，然后，再引导孩子自己解决问题。

○ 乐此不疲地交换，不管物品之间是否等价

有人曾经问我："国内的父母和美国父母有什么不一样的呢？"我想，感受最深刻的一点就是，国内的父母经常干涉孩子的事情，而美国的父母喜欢放手给孩子自由。

我有很多朋友认为，国内的父母已经开始重视给孩子自由。但我认为，他们给的那点自由还远远不够。就拿换物这件事情来说吧，两国父母的态度就有很大差异。

在国内幼儿园工作时，经常有家长跑来学校投诉：

"我儿子好傻，用一个机器人换了一张破破烂烂的贴画，还兴高采烈地向我们炫耀！这正常吗？"

"我女儿一点主见都没有，别人说交换就交换，回头女儿的玩具玩坏了，要求换回来，女儿也不拒绝，这不是明显受欺负了吗？"

每次遇到这种情况，我都会努力向这些家长解释孩子交换物品给

成长带来的好处，并且劝告他们不要过多干涉。如果觉得有必要换回来，可以由家长出面商量，尽量不要给孩子造成伤害。

但是，在美国幼儿园，这些父母真的可以做到不干涉，让我大为惊异。

早上到幼儿园时，我看到 Ryan 抱着一个崭新的小汽车，高兴地对我说："小汽车，昨天新买的。""真的很帅气！"我大声称赞。

可是，等到下午离园时，我发现 Ryan 没有把小汽车带回家，便好奇地问他："你的小汽车呢？"Ryan 高兴地说："我和 Jack 交换了，换了一本书。"

"书呢？放在书包里了吗？"我问。

"没有，书让我送给 Ava 了。"Ryan 说这话时，一点都没有惋惜的神色。

说实话，我有些担心，Ryan 空手回去，妈妈会不会训斥他，或者干脆第二天找到学校，要求把 Ryan 的东西要回去。

第二天，Ryan 的妈妈确实来了，不过并不是来问罪的。由于一早去买 Ryan 和小朋友分享的玩具错过了校车，妈妈便亲自送他过来了。

"Ryan，在学校和其他小朋友好好玩。"妈妈走时，对 Ryan 的嘱咐就只有这一句，而不是我在国内常常听见的："别再交换了，下午要把玩具带回家。"

我一直很赞成孩子交换，对待幼儿园的小朋友是这样，对待我自己的儿女也是这样。

记得 Amy 小时候也特别喜欢交换，我认为，她对自己的东西有支配权，看过的书、玩过的玩具以及其他她认为不需要的东西，都可以用来交换。

可是，Amy 有时也会把自己正在使用的或者喜欢的东西和别人交换，换完以后回到家就后悔，想要要回来。我没有干涉她，建议她用其他东西交换。

有时，Amy 也会换回不等价的东西，我就会问她："你这样做，是不是吃亏了？"或者是："别人的东西看着很贵重，这样会不会不公平？"Amy 总是回答："没有啊。"我就没有再过问。

有一次，Amy 对我说："我再也不要和 Millie 交换了。"我问为什么，她说："她上星期说好用一盒彩笔换我的一本书，我的书早就给她了，可是她只给了我一支彩笔。"

我听了，知道 Amy 又对社交产生了新的认识。由于我的自由政策，让她能经历社交中的种种状况，并在这个过程中积累了经验，这一点让我很欣慰。

孩子对金钱没有概念，所以才常常会进行不等价交换，这是很正常的。通过交换，促进了友谊的发展，也提高了孩子对于社交的认知，值得父母放手给予自由。

○ 遇到喜欢的东西就抢，不知道人际交往技能

表妹的儿子小北 3 岁半了，看到自己喜欢的东西，二话不说上前就抢。即使他看上的东西自己已经有了，还是会去抢别人的。

表妹看不惯，有时会强行把他带离现场，有时会建议他和别人换着玩。可小北并不同意，不是号啕大哭不肯走，就是非要一手拿着自己的玩具一手去抢别人的。

表妹有时气不过，就会轻轻打儿子的屁股，这让溺爱孙子的婆婆很不满意。就小北的教育问题，婆媳俩经常产生各种矛盾。

表妹觉得孩子还小，不能真打，可是讲道理又听不懂，她感觉非常无奈。更可气的是，这种事情每天都重复着，让表妹感觉备受折磨。

我很清楚，这是孩子在社交中不可避免的一个问题，也就是在与人交往的过程中抢夺玩具。即使是自己有的，也觉得别人的更好。

出现这种情况的原因，是因为孩子缺乏知识经验和好奇心。等到孩子再长大一些，对事物的认知再加深一些，这种现象通常都会自动消失。

当然，这并不意味着父母要放任自流。放任自流或者过分压制都会激发孩子的逆反心理，让孩子更想占有别人的东西，结果反而更糟。

其实，小北会产生这种情况，和表妹一开始的教育有很大关系。

在孩子刚开始交往时，表妹就应该让小北知道，谁的玩具谁有决定权，可以决定给不给别人玩。

比如，让小北知道，他的玩具可以不给别人玩，别人的玩具同样也可以不给他玩，不能抢夺。如果东西是共有的，那么就要让小北学会等待。

我知道，小北最大的问题是，认为别人的和自己的不一样，所以才会去抢。我建议表妹外出时给小北多带一个玩具，作为交换用，让小北比较相同玩具之间有什么不同。次数多了，小北就会知道大家的东西都是一样的，也就不会再抢了。

有时，小北也会抢自己没有的东西，表妹有时会答应给他买一个。但是，由于经济条件限制，别人有的玩具不可能全给小北买个遍，我就建议表妹转移小北的注意力。

转移注意力并不是每次都有效，最好的方式就是引导孩子交换。交换不仅能让孩子的好奇心得到满足，还可以促进交往能力的提高，防止占有欲的产生。

表妹在出门前多带一件玩具的做法很不错，同时也要和孩子约定好，如果看到自己喜欢的玩具，可以和对方交换。如果对方不同意，也不能去抢。交换着玩完后，要把玩具还给别人。

在交换时，不应当由表妹出马，而应该让孩子自己拿着玩具，自己和其他小朋友商量如何交换，并找到双方都满意的交换方法。

我告诉表妹，一定不要将自己的怒气发泄到孩子身上，也不要当着别人的面批评或者打骂孩子，即使是假装的也不行。

另外，在家的时候，我也建议表妹不要以小北为中心，试着多和婆婆沟通，让小北学会分享，这样对孩子的成长会很有帮助。

孩子还小，不懂人际交往技巧很正常。但是，父母要在日常生活中有意识地去引导孩子去与别人交往，在交往之中理解人与人之间的关系，从而帮助孩子掌握良好的人际交往能力。

○ 孩子总被欺负，不要教唆孩子"以牙还牙"

嘉禾是个比较胆小的孩子，经常被别人欺负，不是被别人打了，就是玩具被别人抢走了。每当出现这种情况，嘉禾就会变得呆呆傻傻的，既不知道还手，也不知道把玩具要回来。

但是，这不并代表嘉禾豁达。每次被欺负以后，他就会哭着找妈妈，要求妈妈帮他打其他的小朋友，或者帮他把玩具抢回来。

看到儿子不懂得维护自己的权益，爸爸妈妈都很着急。在嘉禾玩耍时，妈妈总是尽可能在旁边看着；而爸爸则和嘉禾玩抢玩具的游戏，爸爸负责抢，嘉禾则负责抢回去。

这样练习了一段时间后，嘉禾确实不像以前那么胆小了。如果有人抢他的东西，他会一把把对方推倒在地上，把自己的玩具重新抢回来。

嘉禾的爸爸妈妈看到他的这一变化很高兴，可后来才发觉，嘉禾爱上了暴力，也开始抢别人的玩具，新的问题又产生了。

嘉禾妈妈告诉我："我觉得，孩子的权益应该得到维护，可没有想到，反而让他拥有了更强的占有欲。在以后教育孩子时，我一定要注意方式才行。"

我听了点点头，给她讲了同事 Helen 教育女儿 Linda 的事情。

Linda 很喜欢玩沙，Helen 就常常带着她到海边，让她玩个够。海边通常还有其他小朋友，小朋友们一起玩，有欢乐也有矛盾。

有一次，Linda 玩着玩着，旁边突然出现一个男孩子，把她装沙的小桶抢了过去。Linda 发现后，很不高兴，想要抢回来。可是她力气小，抢不过来。

这时，Linda 用求助的眼神看着 Helen，Helen 走了过来，对 Linda 说："你的东西，你有权要回来。如果要不回来，妈妈再帮你。"

于是，Linda 对那个男孩说："这个小桶是我的，你已经有个小桶了，请把我的小桶还给我！"

小男孩就是不同意，而小男孩的妈妈也走到孩子的旁边，笑着和 Helen 打招呼，做出不会干涉的姿态，让孩子自己解决。

后来，Linda 改变了战术，她说："你一定是觉得我的小桶很看好，所以想用我的小桶玩。这样吧，我们交换吧，你可以用我的小桶，但要把你的小桶给我玩一会儿。"

小男孩听了，同意了，两个孩子又高兴地玩了起来，Helen 则和小男孩的妈妈在一旁聊起天来。

Helen 告诉我，她一直告诉 Linda，属于自己的东西一定要争取。同时，也不让 Linda 抢别人的东西。所以，Linda 从来不抢别人的东西。

万一 Linda 的东西被抢要不回来，Helen 当然也会出手，这个行为也让 Linda 明白，抢别人的东西迟早会被别人要回去，还不如一开始就不去抢。

听了我的话，嘉禾妈妈好像明白了什么，并且告诉我，她知道怎么帮助嘉禾改掉抢别人东西的坏习惯了。

在孩子最初的交往中，欺负别人或者被人欺负都是正常的。父母最好不要过分强调"以牙还牙"，让孩子懂得保护自己、维护自己的权益，才是最好的解决之道。

人际交往的敏感期李老师给家长的教育启示

在孩子的成长和发展过程中，人际交往的敏感期是一个很重要的时期，直接关系到孩子以后人际关系的发展情况。

根据孩子个人情况的不同，这个敏感期可能发生的问题和维持的时间也不一样。比如，有的孩子喜欢交换，有的喜欢抢别人玩具，有的常受欺负等。

在这个过程中，父母最好摆正自己的姿态，作为一个旁观者而不是导演，给孩子机会自己处理问题，等到实在解决不了时再出手相助。

但是，即便是帮助孩子，也不是直接干涉，而是作为一个指导者，引导孩子找出处理问题的原因，然后，再引导孩子自己解决问题。

第 15 章

性别和出生的敏感期，给孩子最正确的性教育初体验 (4~5 岁)

在孩子询问"我从哪来？我是男孩还是女孩"的那一刻，也意味着进入了性别和出生的敏感期。父母不要敷衍，要用孩子能听懂的话认真解答。

○ 孩子突然对自己的性别与出生感兴趣

有家长对我说："最近我洗澡时，儿子总要一起，而且一边观察我的身体，一边问我一些让我尴尬的问题，我应该怎么应对呢？"

也有家长问我："孩子总是问我他是从哪里来的，我就按照网上的说法告诉了他，可他并不满足，还一直探究，我该怎么办？"

还有家长说："我孩子最近总喜欢看小男孩的身体，每次在外面看到小男孩站着撒尿，我女儿都会靠近了观察，有一次甚至伸手摸了摸。女儿这是好色吗？怎么教育都不改，真是愁死了！"

进入性别和出生的敏感期后，孩子会突然意识到，男孩和女孩的身体是不一样的。这个发现让他们很兴奋，他们会认真观察，发现不同点后就会提出问题。

不仅是这样，孩子也开始关注来自何方，一遍又一遍要求妈妈讲述自己来到世界上的经过，每次都听得格外认真。

通常，孩子在4岁左右就会对性别产生兴趣。他们发现，男孩和女孩从头发衣服到喜欢的东西，都有很大的不同。

但是相对于外表，孩子对异性的生理器官更加关注，所以才会出现一直盯着异性的身体看，或者触摸异性的情况。

我认为，孩子对性别感兴趣没什么，他只是没有见过，不熟悉，所以才会一直追问或观察，作为父母，完全没有必要大惊小怪。

然而，遗憾的是，并不是所有父母都能认识到这一点。

有一次，我和一个怀孕的朋友一起散步，迎面走来一对母子。男孩看到朋友圆鼓鼓的肚子，有些兴奋地对妈妈说："妈妈，我也是从你肚子里出来的吧？"

男孩的妈妈有些尴尬地看了我和朋友一眼，然后不满地看了一眼儿子，用敷衍的语气说道："是啊，从肚子里出来的。"

男孩有些兴奋了，继续问道："那我是怎么从你肚子里出来的呢？"

男孩的妈妈似乎更窘迫了，她训斥了儿子一句，对儿子的问题却避而不答。看到我和朋友注视着他们，妈妈立刻拉着儿子快步走开了。

对于孩子关于出生和性别的提问，父母如果一味敷衍，只会让孩子对身体和自己的出生感到羞耻。

父母要做的，应该是从人体科学的角度入手，用简单易懂的语言让孩子明白自己的出生、性别等，就像教孩子认识其他物品一样自然。

如果父母无法做到这一点，不妨给孩子提出一些介绍身体的童书，看孩子通过图片发现自己和异性的不同，满足孩子的好奇心。

对于 4~5 岁的孩子来说，他们还没有性的概念，让孩子正确了解自身与异性的不同，是很有必要的。

当然，父母也不必太当回事。孩子还小，对于很多生物知识都理解不了，没有必要对他进行太严格的科普教育，只需坦然解决他的疑惑就行。

○ "我从哪里来?" 坦然回答孩子的疑问

我经常带着 Jimmy 在楼下玩，对于小区的小朋友，几乎都见过。有一次，我看到一个面孔比较陌生的孩子，就问他："我没见过，你是从哪里来的啊?"

我的本意是问他，他家住在什么地方。可这个孩子却立刻泪眼汪汪，有些惊恐地问我："你要把我抱走吗?"

正在我不解时，男孩已经扑向了妈妈，哇哇大哭起来。

问过男孩的妈妈，我才知道，男孩最近总爱问妈妈他是从哪里来的。妈妈觉得不好解释，就告诉他，是从陌生人那里抱来的，他要是不听话，就会把他送回去。

我很惊讶，没有想到到了这个年代，还有人这样骗孩子。我对这个妈妈的行为很无语，也对男孩充满了同情。

我承认，要回答孩子从哪里来的问题，确实不容易。作为中国人，从小就被教育"性是不能为外人道的事情"，即使是告诉孩子，也会让父母感觉难堪。

所以，在我们这一代人当中，小时候有很多人都被父母骗过。什么捡来的、抱来的，各种来处层出不穷。而我的母亲则告诉我，我是从医院的地下挖出来的，我甚至做过好多次从医院地下挖小孩的梦。直到我上了中学，才知道上了妈妈的当。

想要不错误地引导孩子，同时又避免让自己过于尴尬，确实不是一件容易的事情。尤其是对于内向的父母，更是无异于一场大灾难。

我记得，我曾经看到过这样一个案例。在孩子问自己是从哪里来时，妈妈告诉他："你是从我肚子里出来的。"

孩子不满足，继续问道："那我是怎么跑到你肚子里的呢?"

妈妈笑着说："你原本是一颗种子，是爸爸把你放在了我的肚子里。种子长大了，就变成了你。医生就在妈妈肚子上划开了一个口子，然后把你取了出来。"

听到这个答案，孩子得到了满足。

Amy5 岁的时候，"种子"答案已经满足不了她的好奇心了，我便和她一起看幼儿园为 5 岁儿童专门制作的性教育片。

Amy 看了好几遍，才终于明白自己是怎么进到我肚子里的。从那以后，她再也没有问过这个问题，我也避免了尴尬。

我认为，孩子到了 5 岁左右，大脑就具备了思维能力，能够理解一些简单的概念。这时，可以给孩子看一些漫画或教育片，让他明白自己到底是怎么产生的。

在中国，很多父母对这个问题避而不谈，这很有可能是导致孩子在青春期偷偷浏览色情网站的原因之一。如果孩子对异性早有了解，就不会通过这种方式"学习"与异性相关的知识了。

所以，父母要放下不好意思的心理，不敷衍、不回避，让孩子在适当的年龄对自己的出生问题有适当的理解，这样对孩子才是最好的。

○ 开始探索人体，帮助孩子正确认识自己的性别

对孩子来说，外界的一切都非常神奇，孩子从环境中学习，加深对自我的认知。而到了一定阶段，孩子会认识到性别的不同，并使自己的行为符合男孩或女孩的标准。

有一次，我在路上看到这样一幕。

一个 4 岁左右的男孩问妈妈："妈妈，你像我这么大的时候，是男孩还是女孩啊?"

妈妈笑了："当然是女孩啊。"

儿子又问："那爸爸小时候是男孩还是女孩？"

妈妈回答："当然是男孩，小孩会长成大人，但是性别是不会变的。"

儿子想了想，又问了一句："那等以后我长大了，也还是男孩吗？"

妈妈点点头，儿子也露出放心的神色。

看到这一幕，我突然想起 Amy4 岁半时发生的一件事。那年夏天，Amy 玩时不小心撞破了头。为了换药、清洁方便，我把她的头发剪得非常短。

结果，Amy 伤心地哇哇大哭，以为剪了短头发就会变成男孩子，一直向我抗议："我不要做男孩，我要做女孩，我以后还要穿裙子呢。"

那个小男孩和 Amy 一样，不知道性别是不会改变的，他们只能通过外部的标记，如发型、衣服、头发等来辨别男女。所以当 Amy 剪了短发后，就以为性别也发生了变化。

4～5 岁的孩子对性别有了一定的认识，知道男孩长大了会做爸爸，女孩长大了会做妈妈。但当他们看到穿着女性服装的男人时，还是会认为那人是女性。

出现这种情况，是因为孩子对性别的认识还不清楚。等再过一段时间，孩子就能分辨出男女了。而在这个阶段，父母要做的就是让孩子认清自己的性别。

这时，孩子会发现男性和女性上厕所的方式不一样，Amy 就曾经问过我："为什么哥哥要站着尿尿，而我要坐着呢？"

同时，孩子还会注意到自己的生殖器，并且提出很多问题，还想知道别人的生殖器和自己的一样还是不一样。

有一次，我在浴室洗澡，Amy 突然闯了进来，仔细打量我的身体，然后，她用眼睛死死地盯着我的乳房，问道："妈妈，为什么咱俩的胸不一样？"

我调整好心态，坦然地告诉她："因为妈妈是大人，等你长大了，你的胸也会变大的。"Amy 听了，点了点头。

后来，Amy 又要看哥哥 Jimmy 洗澡。当时，Jimmy 已经 10 岁了，也有了害羞心理，不愿意让妹妹看。我便趁机告诉 Amy，哥哥在保护自己的隐私。

其实，在孩子眼中，大人的生殖器官就像手脚、眼睛、鼻子一样，是身体的组成部分。他想看，只是想对比一下和自己的生殖器有什么不同。

如果父母面对孩子此类问题时，感到尴尬、害羞，或者用恼怒的声音训斥孩子，会让孩子觉得生殖器是让人羞耻的东西，也会排斥自己的性别。

所以，在培养孩子的性别观念时，父母要坦然回答孩子的问题，同时，从玩具到生活用品的选择，都应该与孩子的性别相匹配，比如让女孩穿裙子、让男孩穿裤子等。

有很多父母喜欢把男孩当女孩养，或者把女孩当男孩养，这样都容易使孩子对自己的性别形成模糊的概念，甚至产生错误的认识。

我觉得，性别角色教育宜早不宜迟。作为父母，一定要尽早让孩子认识自己的性别角色，建立正确的性别意识。

性别和出生的敏感期李老师给家长的教育启示

进入性别和出生的敏感期后，孩子会突然意识到，男孩和女孩的身体是不一样的。这个发现让他们很兴奋，对异性的生理器官也更加关注。

不仅是这样，孩子也开始关注来自何方，一遍又一遍要求妈妈讲述自己来到世界上的经过，每次都听得格外认真。

这时，父母要引导孩子认识自己的性别，并进行相应的性教育，让孩子学会保护自己的隐私部位。

第 16 章

帮助身份确认的敏感期，孩子塑造自我（4~5 岁）

孩子开始一步步构建自我，最典型的表现就是开始崇拜并模仿一些形象。这是一个好现象，说明孩子在进行自我塑造，积累人格特征，父母要帮助孩子塑造出积极向上的自我。

○ 在身份确认敏感期，用爱帮孩子构建自我

四五岁时，孩子会进入身份确认敏感期。在这个时期，孩子会模仿自己喜欢的形象，可能是某个动漫人物，如超人、奥特曼；可能是某个喜欢的动物，如狮子王、恐龙；可能是某种美丽的象征，如仙女、公主等。

这些都是正常的，孩子是利用这种方式实现自己的梦想。比如，想当公主的女孩会穿公主裙，打扮自己，同时语言、动作也尽可能温柔典雅；想当超人的男孩则会穿着超人服，拿着笤帚捍卫和平；而想当动物的孩子是最可爱的，他们会坚持像动物一样行动、吃饭、睡觉，时刻记住自己是一只动物。

Jimmy 有段时间喜欢上了米奇，经常跑来对我说："妈妈，我是米奇。"而在他想发表什么言论前，也会先强调一遍："我不是 Jimmy，你们要叫我米奇。"

同时，Jimmy 还喜欢模仿米奇的动作，每次开口时，都会根据当时的情况选择相应的动作和口头禅，有时是"糟了"，有时是"噢，小家伙"，有时则是"快注意"。神奇的是，这些口头禅与当时的情况都很匹配。

有一次，我带 Jimmy 去买衣服，营业员热情地问他："小朋友，你喜欢什么样的衣服？"Jimmy 答道："我要有我的照片的衣服。"说得营业员当时就愣住了。

我在一旁忍不住笑出声来，和 Jimmy 一起选了带有米奇图案的衣服。看着儿子试穿新衣服，我一时说漏了嘴："Jimmy，你穿这个衣服真好看！"

Jimmy 立刻纠正："叫我米奇，我是米奇。"

后来，我从国外给他带了米奇的动画集，米奇看了特别高兴。那段时间，他每天都看书，给我讲米奇的故事。

这样的情景，我想很多父母都遇到过。孩子给自己设定一个角色，并且努力演绎，要求父母承认，这都是身份确认敏感期的表现。

孩子在模仿的过程中感到前所未有的快乐，不断从模仿对象那里

学习人格，丰富和塑造自己，积累人格特征，从而完成构建自己理想的人格。

这是孩子成长的重要环节，是孩子将梦想付诸行动的过程，对他的人格构建有重要作用。等孩子再大些，梦想就会藏于心中，而不是如此热烈地表现出来。

因此，父母要多理解孩子，多配合孩子的表演。可能的话，可以与孩子一起游戏，让孩子内心的需求得到满足。

在这个时期，也是父母帮助孩子改正缺点的好时机。榜样的力量是巨大的，父母可以利用榜样身上的好习惯，引导孩子改正坏习惯，培养好的品德。

比如，一个孩子特别怕打针，妈妈就对他说："儿子，黑猫警长最勇敢了，黑猫警长一点都不害怕打针。"孩子听了，安静地让医生打针，没有再哭闹。

再比如，一个孩子不喜欢吃胡萝卜，看了兔八哥的故事后，开始"咯咯"笑着模仿。这时，妈妈可以引导孩子："你看，兔八哥特别喜欢吃胡萝卜，你一定也很爱吃胡萝卜吧。"孩子听后点点头。

所以，当孩子以某个角色自居时，父母最好不要拆穿他们，而是利用这个机会让孩子构建自我，并学习更多好的人性特质，将来成为一个最好的自己。

○ 男孩崇拜力量的象征：奥特曼与孙悟空

有个妈妈担忧地对我说："我儿子4岁了，平时很喜欢看熊出没，没事就喜欢模仿里面的人物。有一次，居然对我说'你去死吧'，这是那里面的台词。我担心，这样下去，孩子的性格会不会出现问题？"

也有个爸爸对我说："我儿子特别喜欢看奥特曼和铠甲勇士，还经常模仿他们，有时候连其他人都说很像。但孩子的外婆却说孩子这样不正常，是真的吗？"

我很清楚，这是孩子进入了身份确实敏感期。孩子通过吸收偶像的人格特点构建自己的人格，并且最终形成自我。

在日常生活中，孩子最容易接触到的就是动画片和图书，其中的各种形象可以满足孩子的需求，所以孩子会从中选择模仿的对象。

通常来说，当男孩的力量比较弱小时，他就会选择一些具有强大力量的对象模仿，可能是人，也可能是动物，如奥特曼、狮子王、恐龙；当男孩拥有了让自己感到满足的力量后，就喜欢模仿比较机智的对象，如孙悟空、喜羊羊等。

孩子不仅会寻找相似的衣服、道具，从外表上让自己和模仿对象相似；还会模仿他们的言行举止。在这个过程中，也自然而然地吸收了某些特质。

我们需要尊重孩子的需要，允许男孩尽情模仿。如果父母过多干涉、制止，只会让孩子觉得自己弱小。

在父母眼中，男孩的表现可能很怪异，但父母也要积极配合。一旦孩子的心理需求得到满足，就会放弃模仿行为。

在模仿的过程中，孩子会出现一些让父母担忧的情况，比如模仿奥特曼打怪兽的男孩开始打父母、欺负其他小朋友，父母就不能鼓励，而要想办法引导。

遇到这种情况，父母可以告诉孩子："奥特曼打怪兽是为了保护大家，而不是欺负人，显示自己有多强大。"孩子理解了这个概念，就不会轻易动手打人了。

事实上，父母最好在孩子选择模仿对象时就进行引导。比如，在为孩子选择动画片时，要尽量让孩子远离暴力、血腥；而孩子观看动画片时，父母最好陪同，并规定观看的时间。

当和孩子看到动画片中的一些不当行为时，可以告诉孩子这种行为是错误的，正确的应该怎么做；在看到一些夸张镜头时，可以告诉孩子这样做的后果，避免孩子模仿。

有的动画片中会有一些违背道德观或超越现实的内容存在，父母要注意引导，不能让孩子长时间沉浸在幻想里。否则，很有可能影响孩子的精神发展。

我曾多次看过类似的新闻报道，如小男孩模仿奥特曼成瘾，居然打遍班上的同学；小男孩模仿奥特曼，飞身从六楼跳下受伤等，和父母没有做好引导工作有很大关系。

男孩很容易崇拜充满力量的人事物，父母要让孩子模仿，同时要做好引导，这样才能让孩子根据自己的内在需求模仿，形成真正的自我。

○ 女孩喜欢美丽可爱的形象，并喜欢扮演公主

最近这段时间，菁菁喜欢上了美羊羊，每天都会穿着带有美羊羊的衣服，用带着美羊羊图案的水杯喝水，还常常自称美羊羊。

早上，我站在校园门口，看到菁菁一跳一跳地走过来："早上好!"她懂礼貌地和我打了招呼，我也回应道："早上好，菁菁!"

菁菁有点不高兴了，我这才注意到，她穿了一件白色的小羊衣服，后面还有一条小尾巴。我立刻改口："美羊羊，你吃过早饭了吗?"

菁菁笑了："吃了，我吃了好多草。"然后满意地冲我点点头，跑进教室去了，身后妈妈的嘱咐她也没有听。

在这段时间，菲菲也爱上了模仿，不过，她模仿的是白雪公主。每天，菲菲都会身穿裙子、头戴王冠、手戴戒指，姿态优美地走进校园。

而且，菲菲强烈要求别人称呼她为白雪公主。有时我忘记了，叫了她的名字，她就会故意不理。直到我改叫她"白雪公主"，她才会高兴地回应。

处在身份确认敏感期的女孩，不管是想成为美羊羊，还是愿意当白雪公主，都是在为自己的梦想努力，积累自身的性格特征。

在这样的阶段，父母要给孩子实践的机会，尽量满足女孩的合理需求。女孩会要求父母买一些模仿对象的玩具、衣服、书籍等，认为这样自己才能装扮得更真实。

Amy 很喜欢芭比，每次看到芭比娃娃都会要求买。通常来说，只要是不重样的，我都会买给她。

有一次，我带着 Amy 去玩具店。刚走进店里，就听到有个孩子哭闹着要买白雪公主的首饰盒。首饰盒里有耳环、项链、王冠、手套等，应有尽有。

女孩的妈妈看了看，有些不高兴地说："这些有什么好玩的? 全都是塑料的! 就这么点破东西，还敢要 100 多? 太不值了! 不买不买，回家。"

女孩不愿意了："我就要，我就要，莉莉都有，我也要! 我是白

雪公主,白雪公主不能没有首饰盒!"

"什么白雪公主不白雪公主的!净瞎说!你要再敢要,我连你手上的娃娃都不给你买!你信不信?"

妈妈此言一出,女孩立刻安静了,眼里含着泪水,依依不舍地和妈妈走向结款台。

我觉得,那个妈妈即使不给女儿买首饰盒,也不必用那么强硬的态度拒绝孩子。可以和孩子商量,买一些白雪公主用的其他物品带回家。

如果一味拒绝,会让孩子心生不满,对性格的形成也会产生影响。若是再加上严厉的打击,还会让孩子的身份确认敏感期推迟甚至消失。

我不仅给 Amy 买芭比玩具,还和她一起看芭比系列图书。每看完一个故事,我就会引导 Amy 回想,让她发现芭比身上的优秀品质。

最初,Amy 为了更好地模仿芭比,总是主动阅读。而在我的引导下,Amy 逐渐学会了思考,身份确认的敏感期反而成了她的自我教育期。

每个女孩都有一个公主梦,不管你对此是不屑一顾还是反感,都应该支持女孩去追逐,让她在这个过程中,具备温柔善良的美好品质。

身份确认敏感期李老师给家长的教育启示

四五岁时,孩子会进入身份确认敏感期。在这个时期,孩子会模仿自己喜欢的形象,如超人、奥特曼、狮子王、恐龙、仙女、公主等。

这是身份确认敏感期的表现。孩子在模仿中感受到快乐,学习人格,丰富和塑造自己,从而完成构建自己理想的人格。

因此,父母要多理解孩子,多配合孩子的表演。可能的话,可以与孩子一起游戏,让孩子内心的需求得到满足。

绘画和音乐的敏感期，让孩子自由地接受艺术的熏陶(4~5岁)

绘画和音乐是最好的事物，当绘画和音乐的敏感期到来时，父母要给孩子创造自由画画、自由学音乐的环境，而不是企图把孩子培养成为艺术家。

○ 4~5岁，迎来孩子绘画和音乐的敏感期

我一直相信，每个孩子都具有与生俱来的才能，这种才能简单来说，就是学习的欲望与能力。在成长的过程中，孩子通过学习发现，除了大自然创造的事物外，还有一些由人类创造的美好事物。

比如，用泥和水可以创造出漂亮的泥塑，用笔可以在纸上画出美丽的画，用乐器可以演奏各种音乐，用布和线可以做出漂亮的布艺等。

有那么一个阶段，孩子开始喜欢画画和音乐，这个过程让他们高兴，同时也让父母有所关注：孩子的音乐绘画敏感期来了。

Amy从2岁开始涂鸦，最初只是画一些线团，经过一段时间后，才慢慢画出事物的简单轮廓。后来，她就停止画画，而是要求我画给她看。

我没有强迫Amy继续画，而是努力满足她的要求。每次我画画时，Amy总是认真地观察。这样过了一段时间后，她又开始自己画。我惊讶地发现，她在画画时已经可以抓住事物的整体特征了。

这个时候，Amy最喜欢画香蕉，虽然她每次画出的香蕉都只是两条弧线组成的类似月牙形的轮廓，但也让她感觉非常满足了。

我知道，在这个阶段，Amy对细节不感兴趣，便没有对她提出细节方面的要求。等待了一段时间后，Amy开始关注香蕉的细节。有一次，她居然画出了香蕉上的小黑点。

我相信，孩子对绘画的热爱是与生俱来的，我也相信每个孩子都是艺术家，用全身心展示出对生命的热爱。

在绘画敏感期，孩子的绘画能力也成螺旋状发展。此时，教孩子学习绘画技巧并不是最重要的，重要的是给孩子提供好的绘画环境，让孩子接受优秀作品的熏陶。

比如，你可以经常带孩子去美术馆，或者给孩子买一些世界名画复印品，让孩子从欣赏中得到启迪。还可以多带孩子到大自然中观察，鼓励他画出来。

在这个过程中，父母一定要注意，不要用自己的绘画观念评断孩子的作品，就算孩子画得真不好，也不好否定，要让他在自我学习中进步。

每个孩子都有音乐潜能，在听到音乐后，会情不自禁地手舞足

蹈。在听到一些简单的歌曲时，也会跟着模仿哼唱，这都是音乐敏感期的表现。

对孩子来说，音乐不仅仅是听的，还要用整个身心感受。我们必须承认，孩子对音乐的感受比大人还要真实、深刻。

在这个特殊的阶段，孩子接受的音乐水平的高低，对孩子音乐能力的发掘至关重要。给孩子放一些低品质的音乐，会影响孩子对音乐的最初认知，孩子对音乐的品位也很难高雅起来。

所以，我们要多让孩子听一些经典的音乐，支持孩子对于音乐的自发性创造活动，与他一起在音乐中成长。

毫无疑问，每个父母都对音乐有一定的认识，也会以自己的标准评价孩子唱得如何。但是，一定要避免打击孩子，否则很有可能扼杀一颗优秀的种子。

我有一个朋友，嗓音很好，却偏偏对唱歌很不在行。我问她原因，她说：

"小时候，我很喜欢唱歌，但是，只要我一开口，妈妈就会嘲笑我。"

"起初，我也没有在意，可是有一次，妈妈居然一边笑，一边冲我摆手：'别唱了，难听死了，比鸭子叫还难听。'

"从那以后，我就觉得自己唱歌一定很难听，所以便不再唱歌，即使是音乐课上，我也会拒绝开口，每次音乐考试都是零分。"

所以，在音乐绘画敏感期，不要给孩子规定目标，这样会让孩子把学习绘画和音乐当成一种任务，那种对绘画和音乐天生的热爱也会消失。

○ 从乱涂鸦到会画画，时间能提高孩子的能力

绘画的敏感期呈螺旋状发展，孩子很小时就开始拿笔画线团，当时他的注意力主要集中在手上，是为了锻炼手的能力；接着会尝试用画画来展示自己喜欢的东西。

等到了四五岁，孩子在绘画前都会进行长时间的观察，发现事物的细节，并且努力把这些细节表现在自己的画上，这也说明孩子真的开始画画了。

有一次去表哥家，表哥很奇怪地问我："我老婆画画很好，可不管她怎么教儿子，儿子就是画得乱七八糟。"

正说着，侄子古古拿着一幅画走到我们面前，对他爸爸说："爸爸，你看我画的宇宙飞船，有了它，我们都能飞上天了。"

表哥接过画看了看，直接批评道："这上面不就画了一只竹筐吗？竹筐上面居然还有3只翅膀？你见过三只翅膀的东西吗？你不知道宇宙飞船的样子吗？"

古古听后，本来脸上兴奋和骄傲的神色立刻消失了，露出沮丧的神情。我从表哥手里拿过画，看了看对古古说："我觉得，古古画得很好，很有创意。古古，以后你的宇宙飞船起飞了，能不能带着姑姑一起去？"

古古听了，立刻笑了起来，往我怀里靠。他看了一眼爸爸，说道："姑姑，以后带你去，不带爸爸去，爸爸什么都不懂还乱说。"

我和表哥都笑了。

在孩子涂鸦时，要让他保持对涂鸦的兴趣，不管他画得有多不现实，多不像，都不重要。鼓励，才是父母最应该做的。

在孩子眼中，任何事物都充满了各种可能。苹果可以是蓝色的，草地可以是红色的，一棵树上可以开满各种鲜花或者结满各种水果……这些都说明孩子富有想象力和创造力。

我劝告表哥不要嘲笑孩子，也不要试图纠正，给孩子创作的自由。如果一直否定，孩子的绘画敏感期就会提前结束，以后再也唤不回对绘画的热爱。

有一次，我在楼下看到小美在地上捡了半截粉笔画画，画得非常高兴。等她画完，我一边欣赏她的画作，一边问她："你在家里也经常画画吗？"

小美摇摇头："我妈妈不让。"

"为什么？"我有些惊讶。

"我妈说，我老是乱画，还不如去玩呢，瞎耽误时间。"小美有些遗憾地说。

我也感觉有些遗憾。在孩子绘画的敏感期，父母应该给孩子提供绘画的工具，让孩子自由地画画。诚然，不是所有的孩子都能成为画家，但也不能因此不让孩子画画。

我也见过和小美妈妈持相反观点的父母。

我认识一个爸爸，在孩子拿笔乱画的时候，就认为孩子在绘画方面很有天赋。等到孩子可以画出物体的轮廓时，这个爸爸就把儿子送进了幼儿绘画班学习。可是让他没有想到的是，经过了一段时间的学习，孩子对绘画的兴趣完全消失了。

父母要认识到，所有的孩子都会有对绘画感兴趣的时刻，这并不能说明孩子有绘画天赋。与其花费心思培养孩子，不如和孩子一起尽情地画画。

○ 学音乐环境很重要，创造良好的音乐环境

孩子对音乐很敏感，其实是刚出生的婴儿，听到音乐时也会有反应。到了 4 岁左右，孩子对音乐的热爱会达到前所未有的高度，这也说明他进入了音乐敏感期。

在这个阶段，如果孩子能接触到音乐，让内心的需求得到满足，他的音乐天赋就能得到很好的开发。如果引导得当，以后还有可能往音乐的道路上发展。

在这一敏感期中，孩子需要父母的帮助，需要父母给予他好的音乐，让他接受音乐素养，让他对音乐的兴趣一直持续下去。

不管学习什么，环境都非常重要，给孩子创造一个充满音乐的生活环境，既能让孩子在无形中接受音乐的教育，也能让家庭氛围变得更加温馨。

在选择什么样的音乐上，妈妈要多花一点心思。四五岁的孩子对节奏很感兴趣，节奏变化较大、品位高雅的经典歌曲，可以多让孩子听听。

有些流行歌曲虽然朗朗上口，节奏变化也很大，但其中有一些不适合孩子的因素存在，所以还是尽量避免让孩子接触。

如果条件允许，可以让孩子多接触不同的乐器。让孩子亲自演奏各种乐器，能让他发现各种乐器声的不同之处，提高他对音乐的兴趣。

当周围环境中充满音乐时，孩子很容易跟着哼唱起来。只是四五岁的孩子咬字不清，对节奏的把握也不准确，还很容易跑调。

这时候，父母也不用过于在意，只需要让他自由开口唱歌即可。孩子在唱的过程中已经得到了快乐，又何必在意他唱得是好是坏呢？

Jimmy 对唱歌很不在行，至今仍是五音不全，但他却非常喜欢唱歌。每次学校有活动，他都会主动献唱，对别人的评价也丝毫不在意。

　　记得 Jimmy 小时候一开口唱歌，老公就偷偷笑。有一次被 Jimmy 发现了，他很生气地质问爸爸："你为什么笑我？"

　　老公有些心虚，但仍然不愿意承认自己是在笑话儿子。我之前曾经和他约定过，不要嘲笑儿子做的任何事情。

　　听到动静，我从屋里出来，帮老公打圆场："儿子，你爸爸不是笑你，而是想起了一件和这首歌有关的一件趣事。现在想起来，妈妈也觉得那件事情很可笑呢。"

　　我的话立刻引起了 Jimmy 的兴趣："妈妈，什么事情这么好笑？讲给我听听。"

　　我灵机一动，立刻将听过的一则笑话适当改编，然后用夸张的声调讲给 Jimmy 听。Jimmy 听后，果然哈哈大笑，也没有再追问爸爸笑他的事情。

　　孩子是很敏感的，对大人的评价也很在意。很多时候，也许父母是无心的，但给孩子的伤害却不会轻易消失。所以，不要用成人的眼光去评价孩子的歌声，让他尽情歌唱。

　　在音乐敏感期，孩子确实对音乐感兴趣，但喜欢音乐与成为音乐家是两回事，可惜很多父母却将两者混为一谈。

　　我看到很多父母强迫孩子去学习唱歌、学习演奏各种乐器。让孩子学习乐器是好事，但也要先问问孩子的想法。孩子不愿意学，再强迫也不会出现好的结果。

　　在音乐敏感期，父母尽量给孩子创造良好的音乐环境，让孩子学习和了解音乐，享受音乐的乐趣，这就足够了。

绘画和音乐的敏感期李老师给家长的教育启示

　　孩子对绘画和音乐的热爱是与生俱来的，在绘画和音乐的敏感期，孩子开始喜欢画画和音乐，并通过这两种方式展现自己对生命的热爱。

　　父母要认识到，所有的孩子都会有对绘画和音乐感兴趣的时刻，这并不能说明孩子有绘画和音乐天赋。与其花费心思培养孩子，不如和孩子一起尽情地绘画、歌唱。

　　所以，在绘画和音乐的敏感期，父母不要给孩子规定目标，而要尽量给孩子创造好的环境，让孩子享受绘画和音乐的乐趣。

情感敏感期， 孩子特别关注父母对自己的爱意 （4 ~ 5 岁）

孩子变得喜欢黏着父母， 表现出一种极度的依恋， 受点委屈就哭泣。 这不是孩子变软弱了， 而是想要看看父母是否一如从前那样爱他。

○ 一直接受爱的孩子，终于进入了情感敏感期

情感敏感期如何发展，决定了孩子的情感世界，决定了他能不能学会付出爱、表达爱，与他人建立亲密关系。

进入情感敏感期，父母通常会发现，孩子突然变得很脆弱，依赖性强，对于周围成人的态度也非常在意。而且，孩子还会经常觉得委屈，做出某种吃醋的举动，对妈妈也更加依赖。

有一段时间，我发现 Jack 变得特别爱哭，大家一起玩游戏时，如果他输了，就会大哭；老师夸奖了其他小朋友没有夸奖他，他也会哭。

有一次，Jack 看上了一本书，当时 Jim 正在看，我便让 Jack 等一会儿再看。在以前，Jack 会先做别的事情，或者在一旁耐心等待。可是这一次，Jack 却委屈得大哭起来。

还有一次，Jack 的父母有事，让他在学校里等着。开始，Jack 在学校玩得很开心，当他发现学校里只剩自己一个孩子时，立刻委屈地哭起来。

我见状，赶快安慰他。还好这时 Jack 的妈妈来了，Jack 一下子扑进妈妈的怀抱，哽咽着说："妈妈，你怎么才来啊？"

很明显，Jack 进入了情感敏感期，所以才会变得这么敏感、脆弱，动不动就觉得委屈，会用哭表达自己的不满。

在不久前，Jack 经历了身份确认敏感期，在他的内在世界里，他就是无所不能的超人。但是，随着敏感期的逝去，Jack 也认识到了幻想和现实的差距。

这时候，Jack 突然发现，原来自己是那么弱小，所以才会开始依赖妈妈，希望得到关爱和认同。

在情感敏感期，孩子的能力从表面上看来是在退化，实际上，孩子是通过这些行为获得更多的爱和关注，为下一次的学习积蓄能量。

在 Jimmy4 岁前，我总是尽可能地陪伴他。但由于工作的关系，从他 4 岁开始，我就频繁地到各地出差、到国外学习。

有一次，我由于身体不好在家休息了半个月。当时正值 Jimmy 放暑假，我便每天都陪着他，或者玩，或者看书，或者一起做其他亲子活动。

后来，我的身体好了，又接到了出差的通知。正在我收拾行李的时候，Jimmy 突然坐进了我的行李箱。

我以为他要我陪他玩，便对他说："儿子，你先出来自己玩，等一会儿妈妈收拾好了，陪你一块玩。"

可是，Jimmy 却动也不动。我起身想去把他拉起来，他却一把抓住我的手，对我说："妈妈，你把我装在行李箱里，一起带走吧。"

Jimmy 这句话给了我很大的触动，我想："我在追求自己的人生价值、帮助其他小朋友度过快乐童年的同时，是不是也应该多照顾一下 Jimmy 的情绪呢？"

以后，我尽量减少出差次数。而在国外学习时，我也尽可能地把 Jimmy 带在身边。我很庆幸，Jimmy 的情商很高，感情发展也没有任何问题。

在孩子的情感敏感期，父母要想办法多陪伴孩子，让孩子感受到爱。当孩子知道爱一直陪伴着他时，才能更具安全感和自信。

○ 孩子变得特别黏人，特别依赖父母

进入情感敏感期的孩子似乎都变得特别黏人，妈妈上洗手间，跟着；爸爸出去倒垃圾，跟着；奶奶出去买菜，也跟着。如果不让，孩子就会大哭，就像受了天大的委屈。

孩子变得这么黏人，对于父母来说，无疑是个巨大的考验。很多时候，即使再有忍耐力的父母，也会被孩子激怒，说出伤害孩子的话。

小石头从 4 岁起，就已经开始自己穿衣服、单独睡觉了。当时，妹妹对这件事情颇为自豪，见到亲朋好友都会炫耀一番。

可是这段时间，5 岁的小石头每天早上都要妈妈给他穿衣服，还缠着妈妈给他讲故事；而晚上睡觉时，小石头也一定要妈妈

哄他。

在这之前，妹妹每周一三五的晚上都会到附近的瑜伽馆练瑜伽，可那天妹妹要出门时，小石头却不让，一定要让妈妈陪着他。妹妹被缠得失去了耐心，便发火道："你再不放手，我就不回来了！"

听到这话，小石头的眼泪一下子就流了下来，依依不舍地放开妈妈的腿。妹妹见状，练瑜伽的心情也没有了，便没有出去。

我当然可以理解妹妹。人都是感情动物，难免会有情绪失控的时候。但是，即使这样，我们也应该多从孩子的角度出发，想想他为什么会这么做。

通常，四五岁的孩子都已经上了幼儿园，经过一天的离别回到家后，孩子最先要确定的就是父母还爱不爱他，而这个确定的方式就是黏着父母。

可以说，孩子黏人是因为他有了需要，需要父母给予关注，让他排解焦虑情绪，积累更多的正面能量，以有勇气面对接下来的幼儿园生活。

所以，在孩子黏人的时候，父母不要表现出排斥情绪，更不要指责。否则，会让孩子变得焦虑。正确的做法是，平静地面对，并且耐心回应。

当我们用比以前更温柔的方式对待他，用更多的时间陪伴他时，孩子的心理需要就会得到满足，同时也在心里确认，父母对他的爱没有丝毫减少。

但是，时刻面对一个黏人的孩子，确实不是一件容易的事情。面对孩子无止境的要求，父母也要讲究一定的技巧，才能兼顾自己和孩子的事情。

很多爸爸忙于工作，很少陪伴孩子，这对于孩子的情感发展是非常不利的。爸爸要多抽出时间陪孩子，与妈妈采取一致的态度对待孩子。

在陪伴孩子时，父母要让孩子知道，自己也有很多事情要做，不可能每时每刻陪伴着他，让他做好思想准备。

有些孩子不顾父母是否有时间，一味要求陪伴，多是因为之前没有对孩子进行这方面的教育。父母可以指定一些规则，在尽量满足孩子的同时，也不至于将爱演变成溺爱。

想要让孩子变不黏人，有一点非常重要，那就是多给孩子独立做事的机会。当孩子独立做事时，除非出现危及孩子安全的事情，否则不要打扰他。

这样一来，孩子能逐渐从独立的活动中意识到，父母尊重他的独立空间，他也应该给父母安静做事的时间。

对待黏人的孩子，主动陪伴的效果是最好的。在孩子心理成长的必要阶段，给孩子更多的关爱，会让孩子走得更顺利。

○ 动不动就感觉到委屈，甚至哭鼻子

朋友紫妍的女儿小珊4岁半了，最近特别爱哭。有一次紫妍去幼儿园接她放学，发现她一言不发，眼睛还红肿肿的。不用问，一定是哭过了。

这时，旁边的一个小朋友说道："小珊把教室里的花盆打碎了，被老师批评了。"

紫妍问小珊："老师怎么说你呢？"

小珊说："老师说，以后要小心。"说完，她居然又泪眼婆娑。

紫妍对我说："这孩子太爱哭了，平时在家也这样。自己做错了事情，我还没有说她呢，她反倒先哭了，就好像我怎么惹了她似的。这可怎么办？"

进入情感敏感期，很多孩子都变得像小珊一样说不得，动不动就感到委屈，还哭哭啼啼的，让大人不知如何对待才好。

这个时期，孩子的情绪很不稳定，对于父母的爱也很敏感。有时即使父母不说，孩子也能感受到父母对他的不满或排斥情绪，然后才会掉下眼泪。

一看到这种情况，很多父母就认为孩子太脆弱，想方设法让孩子变得坚强；或者认为孩子是爱哭鬼，用强硬的手段阻止孩子哭泣。这些都是很不恰当的。

孩子过分关注父母对他的情感，所以才会遇到一点难事就委屈地哭，这并不是性格软弱的表现，父母不要给孩子任意贴上负面

标签。

在孩子产生消极情绪时，哭是一种很好的排解方法。孩子通过哭，能缓解一部分压力，也能得到大人的关注，让心情得到平静。

在孩子哭泣时，可以引导孩子说出哭泣的原因，如果能帮助孩子解决，就尽量帮助；如果无能为力，就给予关爱和同情。

Jimmy 哭着跑回家，一言不发。老公问他原因，他也不肯说。等过了许久，他走到我面前："妈妈，我想吃橘子。"

我知道，Jimmy 一向不喜欢吃橘子，现在主动提出来，一定是发生了什么事情。我问他："你怎么突然想吃橘子了？"

这时，Jimmy 才委屈地说："叔叔给了当当橘子，没给我，我也要。"

我安慰了 Jimmy，并答应忙完手上的事情就带他一起去水果店，Jimmy 这才停止抽噎，跑去看图画书。

孩子受了委屈哭泣，最好的方法就是和他交流，让他把委屈说出来。同时，可以帮他分析一下事情的经过，让他彻底把情绪发泄出来。

但是有很多孩子哭泣，是为了要挟父母。这个时候，就要故意对孩子的哭泣视而不见，等到孩子不哭的时候，再去安慰他。

这样一来，孩子就容易形成一个认识：我想要什么，需要和父母好好说；如果我用哭来表达，他们是不会在意的。

当然，孩子的年龄毕竟还小，哭泣也在所难免。父母要多陪伴，多满足孩子的感情需求。随着年纪的增长，孩子会一点点独立和勇敢起来。

○ 在意周围人的举动，突然变成了小"醋坛子"

Amy 可以说是在我的赏识声中长大的，每当她有了进步时，我总是详细地阐释客观情况，然后由衷地夸奖她。Amy 也会特别高兴，努力做得更好。

有一次，Jimmy 和同学约好第二天去爬山。我看到他按照列出的单子整理第二天要带的东西，便由衷地夸奖道："Jimmy，你收拾东西真的很有条理。"

突然，Amy 打了我一下。我低下头，发现她翘起了小嘴。还没有等她反应过来，她就伤心地跑出了哥哥的房间。

我感觉有些莫名其妙，就立刻跟了出去，抱着 Amy 问道："Amy，你怎么了？"Amy 一边哭，一边哽咽着说："你没有夸我！"

我这才意识到，女儿开始会吃醋了。果然不出所料，女儿接下来的行动更是让我深刻认识到了这一点。

晚上，老公下班回家，我和 Amy 去开门。一进门，老公放下包，换上鞋，给了我一个拥抱，说了声："老婆，今天辛苦你了。"

我们一同走进客厅，才发现 Amy 仍然站在门口。我走过去，问她怎么了，Amy 委屈地说："爸爸还没有抱我呢。"

我和老公听了，都觉得女儿的举动非常可爱，不禁笑了出来。随后，老公便给了 Amy 一个拥抱，并说了声"女儿辛苦你了"，Amy 这才满意地离开门口。

我知道，孩子成长到一定阶段，会极度渴望父母的肯定和爱。面对父母肯定其他孩子或者看到父母关系亲密时，便会流露出吃醋的情绪，这是正常的。

Amy 吃醋，是害怕失去我和老公对她的关心，同时也是缺乏安全感的表现。以后，我在关心 Jimmy 时，也会告诉 Amy，我和老公爱她的哥哥，同样也爱她。

从那以后，我就注意多做出一些爱 Amy 的表现，经常给她讲故事，抱抱她、亲亲她。我知道，这些行为比单纯地告诉她我爱她更有用。

与此同时，我还会继续夸奖其他孩子。尽管这会让 Amy 不高兴，我还是教育她，其他小朋友也有自己的优势，有得到别人夸奖的资格。

在此基础上，我引导 Amy 发现别人的长处，试着去称赞别人。在这个过程中，Amy 也得到了很多的肯定和赞扬，她的吃醋现象也渐渐减少。

孩子吃醋没什么，但父母一定不要故意逗孩子。有些父母喜欢看孩子吃醋的表情，会故意用一些行动或言语惹怒孩子，这样会强化孩子的吃醋行为，让孩子产生强烈的嫉妒心理。

我认识一个妈妈，很喜欢逗孩子玩。有一次，她带着孩子来我们家做客，看到 Amy 画的画，立刻夸奖起来，并抱了抱 Amy 以示喜爱。

这时，那个孩子不乐意了，拼命想要拉开妈妈的手。看到拉不开，他就使劲往妈妈抱 Amy 的夹缝里挤。我见状，赶紧让 Amy 离开，他这才满意地躲进妈妈的怀抱。

我看到，妈妈一脸笑意："这孩子，就是和我比较亲，看不得我逗其他孩子。平时我和老公牵手，他见了都不乐意，太可爱了！"

听她这么说，我提醒她，孩子爱吃醋，时间久了会产生压抑感，导致器官功能出现问题，进一步刺激孩子产生各种不良情绪。

同时，嫉妒还会影响孩子的认识，容易产生偏见，社会性的发展会得到压制，以后也很难学会与人相处。

听了我的话，这个妈妈才意识到自己做法的不当，决心好好学习相关的教育知识，给孩子适当的引导。

孩子吃醋，父母要多给予爱的关心，同时也要注意有步骤地引导，把嫉妒转化为积极向上的力量，能促进孩子更快进步。

情感敏感期李老师给家长的教育启示

情感敏感期如何发展，决定了孩子的情感世界，决定了他能不能学会付出爱、表达爱，与他人建立亲密关系。

进入情感敏感期，父母通常会发现，孩子突然变得很脆弱、依赖性强、爱吃醋，对于周围成人的态度也非常在意，常委屈地哭泣。

在情感敏感期，孩子的能力从表面上看来是在退化，实际上，孩子是通过这些行为获得更多的爱和关注，为下一次的提高积蓄能量。

所以，在这个阶段，父母要给予孩子更多的爱，同时妥善引导他的黏人、哭泣、吃醋等行为，让孩子朝更好的方向发展。

第 19 章

书写与阅读的敏感期，帮助孩子进入认知世界的新阶段(4~5岁)

当孩子想要学习书写和阅读时， 尽快给孩子准备好纸笔和书籍。 即使孩子到处乱写， 即使孩子只是翻看书中的插画， 也不要打击他的书写和阅读热情。

○ 孩子的书写与阅读，同样具有不一样的敏感期

关关一直是个很调皮的孩子，每次吃过晚饭，就会吵着让妈妈带他出去玩。这天，妈妈发现关关突然变得很安静，吃完饭就跑回自己房间，安静地不发出一点声音。

妈妈觉得很奇怪，悄悄走到关关的房间门口。透过虚掩的门，妈妈看到关关正拿着一个记号笔，兴致勃勃地在墙上写着新学的阿拉伯数字。

妈妈当时就感觉血液都冲到脑门上了，大脑一片空白：关关房间内的墙是上周刚刚按照他的趣向重新粉刷过，现在又让他给毁了！

妈妈冲进房间，一把抓住关关手中的记号笔，狠狠地摔在地上，大声训斥他："你干什么！想造反啊！你看你把墙画成什么样子了？再画看我不打你！"

关关吓坏了！他只是想把在幼儿园学到的数字写出来让妈妈看而已，没想到妈妈居然发这么大火。以后，关关再也不敢乱写了，对写字的兴趣也消失了。

后来，关关妈妈和我说了这件事，对自己当时的做法深感后悔。现在关关已经上小学二年级了，仍然极度厌恶写字。

在我发现 Jimmy 没有出去玩，而是安安静静地坐在椅子上，拿起笔一笔一画地写了半个小时的时候，我知道他的书写敏感期到了。

我知道，此时最重要的是维持他对书写的兴趣，所以我没有纠正他的错字、笔画等，而是让他随心所欲地用笔写字。

对于 4 岁左右的孩子来说，完全有能力识字、写字。我每天教 Jimmy 写 2 个字，第二天会复习前一天所学的字。很快，Jimmy 就认识了很多字。

我知道，与写字相比，热闹的游戏更有吸引力。为了增加 Jimmy 在写字、识字上的兴趣，我经常鼓励他，并给他买了简单的图画书阅读。

Jimmy 上了小学后，学习成绩一直名列前茅。我知道，这是得益

第 19 章

于之前认识了很多字，同时又养成了阅读习惯，让他的理解力也比一般孩子强。

孩子进入书写与阅读敏感期后，最初可能只是画线、画圈等，要经过一段时间的训练，才能写出规范完整的文字。

和其他敏感期相比，书写与阅读敏感期的到来相对迟一些，但发展速度却一点都不慢。这主要是因为孩子在语言、感官、运动等敏感期内得到了充分的学习。

所有兴趣都会产生变化，孩子也不会永远对书写与阅读感兴趣。所以，在书写与阅读敏感期内，父母要有意识地激发孩子的书写与阅读欲望，让书写和阅读变成一种长久的兴趣。

有些父母问我："我的孩子明明进入了书写与阅读的敏感期，可为什么我给他买书，他却连看都不看呢？"

不用问，这些父母一定没有从小就让孩子玩书，而是等孩子到了敏感期才急匆匆买来书籍，孩子自然不可能一下子就对阅读产生兴趣。

所以，在书写与阅读的敏感期，父母要多肯定孩子、赏识孩子，让孩子有写字、识字、阅读的兴趣。同时早点让孩子接触书，这样也能刺激敏感期早日到来。

○ 孩子吵着学习认字，尝试自己阅读书籍

Thoms 是个很聪明的孩子，今年 4 岁了。从 2 岁半的时候起，Thoms 就对识字产生了兴趣。父母见状，便从简单的字母教起，仅用了 2 个月的时间，Thoms 就学会了 26 个字母。

妈妈见状，便有意教他认识生活中的英语。外出时，看到指示牌，妈妈会教他认上面的单词；逛超市时，妈妈会让他看着清单寻找要买的东西。现在，常用的单词 Thoms 都能熟练地认出来。

李美知道了这件事，非常羡慕，她的儿子舟舟今年也 2 岁了。作为新搬来纽约不久的中国人，李美很疑惑，这么早就让孩子识字，是不是太早了？

我了解李美的困扰，实际上，在孩子 3 岁的时候，就可以识字

了。到了四五岁，孩子就能很快速地识字了，还能按照笔画书写。

这个时期，是孩子最活跃的时期，孩子爱动爱玩，教孩子认字时，可以采取游戏的方式进行，能提高孩子的学习积极性，同时也能让孩子更专注。

这次来纽约，我意外地遇到了之前帮助过的一个孩子。当时他4岁半了，却什么字都不认识。他的妈妈很着急，担心孩子智力不行，便向我咨询。

据男孩的妈妈说，男孩识字非常困难。每天，她都会花大量时间教儿子识字，可是近半个小时后，当她再问儿子时，儿子却一问三不知。

这个妈妈以为孩子的智力有问题，记忆力不行，但据我观察绝不是这样。他没有记住汉字，应该是妈妈教孩子识字的方法有问题。

聊天中，我知道这个男孩爱画画，便拿出了画笔和纸，两人一起画起画来。男孩画了幼儿园里被分割成四块的花园，非常漂亮。

后来，我用黑色的彩笔把他画的花园的轮廓描了出来，结果组成了一个"田"。就这样，小男孩认识了这个字，也牢牢记住了写法。

等到他和我告别时，他已经会写5个字了。男孩一脸自豪，向妈妈展示自己记住的生字。妈妈非常惊讶，也为自己的儿子没有智力问题而感到高兴。

从那以后，这个妈妈在我的建议下，改变了教儿子识字的方法。很快，男孩就展示出了他对识字的渴望，如饥似渴地学习着，再也不用妈妈担心了。

教孩子识字并不难，需要先给孩子创造一个识字的环境。在生活中，随处都能接触到文字，父母也可以一边教孩子识物，一边教他写相应的汉字。

而且，对于家里各种物品的名称，父母完全可以用汉字和拼音标示出来。这样，孩子能每天在无意识中记忆这些字，时间长了就记住了。

在这个阶段，孩子特别喜欢听读书，看图画书。此时，不妨多给孩子读几遍，知道他能够讲出来。然后，再教他认识对应的汉字。

在读书时，要尽可能按照书序读，手眼一致，并且要保证孩子集中注意力看和听。这个过程不宜过长，否则会让孩子感觉疲惫和厌烦，一定要把握好度。

孩子还喜欢儿歌、诗歌等，可以选择一些简单的、朗朗上口的教给孩子。在孩子熟练背诵后，再教他认字，也能提高他的认字兴趣。

有一点要注意的是，在让孩子认字时，父母一定不要急于求成，盲目追求数量。此时，让孩子养成识字的兴趣即可，然后再慢慢增加识字量。你会发现，孩子的进步速度超出你想象。

○ 孩子对写字感兴趣，写出的字东倒西歪

四五岁的孩子，手的小肌肉群逐渐成熟，和眼协调能力较好，在大脑的控制下可以做一些精细的动作，此时，孩子对于书写的兴趣也越来越浓。

在4岁前，孩子有可能模仿大人写出几个简单的字，但真正学会写字，却必须在4岁以后。此时，孩子才能将只有自己能看懂的"天书"写得规范、完整。

字是学习一切知识的基础，虽然现在各种电子产品如电脑、智能手机等的普及，让写字的机会越来越少，但是要帮孩子打好写字基础。

小茹又在妈妈的监督下，趴在楼下的木桌上写字了。小茹刚写了几笔，就抬起头来，看了看从身边经过的人。

妈妈叹了口气，然后呵斥道："看什么看，快点描！"原来，小茹一直写不好字，所以妈妈买来了描红簿，让她描。

小茹低下了头，又写了几笔，妈妈又开口了："你看看你，写不好就罢了，连描红也描不好。和你说过几遍了，一定要描在别人的字上面，要描的和下面的字一模一样。"

看到这一幕的我走过去，安慰小茹："小茹，慢慢写，不要着急。

让我看看，写得很好啊。你看看，第二个字是不是比第一个字写得好多了。"

小茹看了看，发现我说的是事实，便不在意妈妈的批评，继续描了第三个字。

小茹妈妈摇摇头对我说："我为教她写字都愁死了，这孩子对写字不感兴趣，又容易走神。说她几句，又会闹脾气扔下笔走人，真让人头疼。"

我说："孩子描不好，不一定是因为不专心。我上次看到小茹很认真地玩涂色卡，结果还是涂到了线外，这说明，问题不在孩子的态度上。"

"那是怎么回事呢？"

"我猜，可能是小茹手部的肌肉还没有发展到可以做精细的运动，协调能力也需要完善。这个也不要着急，过段时间就能提高。

"不过，有一点我很在意。孩子的注意力本来就不容易集中，你又让孩子在人来车往的路边写字，导致分心的因素更多了，孩子不专心也变得很正常了。"

当我指出环境的因素后，小茹妈妈变得不好意思了："我以为，在外面越多人看到，小茹写得越认真，反倒忽略了这一点。"

想让孩子把字写得又快又好，这种心情我能理解，但也要考虑到孩子的生理和认知发展特点。我看到一些父母急于让孩子掌握写字，完全忽视了这些因素，真是愚蠢。

有些孩子，父母教了很多次，可孩子还是左右或上下不分。有父母就很紧张地问我："我家孩子是不是有问题？"其实，这很正常，随着孩子渐渐长大，知觉能力提高，这一现象便会消失。

在教孩子写字时，要先让孩子掌握正确的握笔姿势，右手拇指在笔杆的左侧，与食指一起夹住笔杆，用下方中指的第一个关节托住笔杆，无名指和小指自然弯曲。笔杆向右后方倾斜，紧贴在食指第三关节与虎口之间。

同时，最好还要让孩子按照正确的笔画写字，这样可以让写字的过程更省力，也容易出错。

有些孩子在写了一段时间的字之后，会变得不愿意写字。这时候，一定不要强迫孩子写，容易让他产生厌倦心理。

在教孩子写字时，可以教他一些与生活学习息息相关的字，比如孩子的名字、玩具的名字、小伙伴的名字等。

为了增加写字的趣味性，可以和孩子一起到沙地写字，这种感觉与写在纸上有很大的不同，能让孩子在玩耍中一遍遍练习。

孩子学习写字是一个漫长的过程，父母不要着急，要给孩子逐渐进步的机会，让孩子按照自己的成长步伐学会写字。

○ 不管是墙上还是地上，拿笔随处乱写

比起涂鸦来，Aiden 更喜欢写字。从幼儿园回来后，他就拿起铅笔、蜡笔、水彩笔以及爸爸的钢笔在墙上、家具上、地板上写了起来。

妈妈 Sophia 安慰自己：这是孩子学习的过程，也是宣泄的途径，而且，有的字写得确实很漂亮呢。但是，想归想，爱整洁的 Sophia 看到到处都被儿子写得脏兮兮，心里还是有些不舒服。

Sophia 想了想，给孩子拿出了一些 A4 纸，并且告诉他，可以写在上面。写完以后，可以和妈妈一起贴在墙上，留给爸爸看。

Aiden 答应了，并且在纸上写了起来。可是还没有写几个字，他就把纸扔在一边，拿起笔继续在墙壁、家具、地板上写写画画。

Sophia 想，可能是 A4 纸太小了，便专门买来了一些大张的纸，放在客厅的一角。同时，还买来了一块黑板，并在黑板上方注明，这是 Aiden 的专属黑板。

这次，Aiden 终于满意了，他开始在纸上写，在黑板上写，很少再到处乱写了。而且，Aiden 写出的字也越来越好，这让 Sophia 非常高兴。

我认为，Sophia 能尊重 Aiden，抓住了他热爱写字的时机，给他引导，而不是为了自己省事而打断孩子的学习，真是一位合格的妈妈。

当我把 Sophia 的故事讲给几个中国妈妈听时，有的妈妈表示赞同，能让孩子练习手腕力量和协调能力，还能让孩子尽早学会写字，

很不错；有的妈妈则认为，孩子太没有规矩，不讲卫生，应该好好教训教训。

Jimmy 也有过在墙上写字的过程，在他小的时候，我尽量给他自由。可是当他四五岁、能渐渐听懂一些道理，却故意在墙上写字时，我就没有再纵容他。

在此之前，我已经给 Jimmy 提供了写字需要的文具：有格子的笔记本、空白的素描本、带动物的卡通纸、铅笔、圆珠笔、水彩笔、转笔刀、橡皮等。

而且，我还给他准备了黑板，在墙上贴了大张的纸，甚至在客厅一角的地板上贴上了黑板纸，让他尽情写、尽情画。

我告诉了 Jimmy 不能到处乱写的原因，然后带着他在家里转了一圈，明确告诉他，什么地方能写字，什么地方不能乱写。

可是我发现，即使我上午刚讲过，到了下午，Jimmy 还是不自觉地在墙上写了很多我不认识的字。还没有等我发问，他就主动开口承认了错误："我错了，我忘了不能在这里写。"

我没有批评他，而是让他自己看看，干净的墙与他乱写的墙相比，哪个看着更舒服。然后，我和他一起把墙壁整理干净。

做完这些后，Jimmy 没有说话，过了好久，他才说："原来这么累啊。"我笑了，有了这次体验，Jimmy 应该会有所收敛。

后来，我和他一起选择了一些他喜欢的图画，贴在了那些他喜欢乱写的地方：电视两侧、书架旁边、饮水机旁边等。我再次告诉他，不要随意乱写。

我并不在意墙壁是不是会毁掉，和孩子的成长相比，墙壁简直微不足道。但是，我不希望孩子从小就不懂干净整洁，我希望他生活在一个有序的环境中，并且愿意为维持秩序而努力。

○ 孩子爱背广告词？尽快给孩子提供合适的书籍

我去参加大学同学聚会，见到了李敏的儿子团团。团团四岁半，胖嘟嘟的，真像个小肉团，让人见了就想亲一亲。

在点酒时，王伦说："我感冒了，不能喝酒，不要算我的。"我们还没有接话，团团突然大声问王伦："感叹号知道不?"

王伦有些惊讶，我们也不知所措，异口同声地问道："什么?"

团团完全不理会我们的反应，继续说道："治感冒，杠杠地!"

看我们没有反应过来，李敏说："他是在背广告词。"大家这才有所察觉，"哦，好像是看过这个广告"，"是啊，这孩子记忆力真好"。

随后，我们接着刚才的话题，一说到喝，团团立刻对妈妈说："妈妈，我要喝爽歪歪。""这里有爽歪歪吗?"负责点酒水饮料的马振自言自语道。

看到李敏又笑了，我们再次领悟，又是广告词!

我有随身带小礼物的习惯，在等待上菜的期间，我对团团说："团团，阿姨送你一个小礼物好不好?"

这时，团团又开始说话了："今年过节不收礼呀，收礼还收脑白金。"我真有很无奈的感觉：这孩子不会自己说话吗?

在接下来的时间，团团又说了很多话，但没有一句不是广告词，如"好营养，更香脆，美好时光海苔""蓝瓶的钙，好喝的钙""有了肯德基，生活好滋味"，等等。

我发现，在团团听大家夸他聪明、记忆力好后，脸上流露出得意的神色，而李敏似乎也为有一个这样的儿子感到自豪。

但是，我却隐隐有些担心。

一般来说，即使孩子不懂广告的意思，但由于广告声情并茂，再加上孩子本身就拥有新事物的好奇心，很容易产生兴趣。所以，几乎每个孩子都能说出很多广告词，特别是那些朗朗上口、好听易懂的广告词。

我承认，孩子背诵广告词，是对语言的学习，也能满足模仿的需要。但是，广告商为了达到突出产品的效果，常常在其中加入一些违反道德的因素，影响孩子对事物的认知。而且孩子一味地模仿却不用自己的大脑思考想要说的话，对语言能力的发展也不利。

在孩子背广告词时，可以从兴趣出发，引导孩子背诵一些古文经典。例如，可以挑选一些画面感强、语言简单易懂、易记诵的短诗，让孩子一边看着画面，一边背诵。

当然，最好还是在这个阶段给孩子买一些合适的书籍，引导他们阅读。可以鼓励孩子自由阅读，在他们遇到困难时，再给予协助。

为了增加读书的兴趣，可以和孩子一起读书，并根据图画内容和孩子交谈，帮助孩子提高理解能力。还可以鼓励孩子用自己的话把故事讲一遍，增加孩子的阅读信心。

给孩子选择合适的图书，对阅读非常重要。孩子还小，可以给他选择一些图书，字大图多。这样图文并茂，对孩子的右脑开发有好处。

另外，买的书尽量薄一些，一本书最好只讲一个故事，或者最多讲两个故事。这样一来，能让孩子在注意力分散之前读完，体验读书过程中的愉悦感，也会为自己读完了一本书感到自豪。

在阅读敏感期，很多父母发现孩子不爱读书，很可能和父母提供的书籍有直接关系。给孩子提供好书，引导孩子阅读，让孩子远离不良广告带来的危害。

○ 让孩子学会自由表达，并进行自由书写

我一直鼓励 Amy 和 Jimmy 写日记。在刚开始学会书写后，Jimmy 的兴致很高，整天在纸上写写记记。看到这一幕，我开始教自己把自己的想法写在纸上。

我告诉 Jimmy，有一种东西叫日记，可以从最简单的记录一天中有趣的事情写起。最开始，Jimmy 写得很认真，每天都会仔细思考如何措辞。

Jimmy 的日记写得都很短，大多数日记只有一句话，如"今天我们一家人去饭店吃饭了""我得到了一只小猫，很高兴"等。

可是时间一长，Jimmy 对写日记的兴趣就消失了。玩，对于他来说，又重新变成了最有意思的事情。每次我让他写日记，他都一副苦瓜脸，不知道要写些什么。

我不想为难 Jimmy，便仔细反省了一下。我发现，随着 Jimmy 写字能力的提高，我也提高了对他的要求，要求他每篇日记至少写 5 句话，这可能让 Jimmy 觉得很为难。

第 19 章

我和 Jimmy 交流了一下我的想法，Jimmy 也表示同意。他说："写日记，我就没有时间玩了。"经过一番考虑，我决定不再对他的日记字数做规定。

就这样，Jimmy 又开始写日记了。有一次，我送他去参加同学的生日聚会，回来后他居然主动写了一篇日记，长达 80 字。

我很诧异，问他："为什么你今天写了这么多?"

Jimmy 想了想，认真地回答我："今天，值得写的事情很多啊，我都没有全写上呢。"

那一刻，我明白了，Jimmy 的生活太平淡了，每一天都是前一天的重复，才导致他无话可说，无话可写。我应该主动给他的生活创造点乐趣，让他尝试各种新鲜的生活。

果然，一段时间后，Jimmy 的日记变得丰富起来，几乎每天都能写上 50 字，这让我高兴的同时，也让他的表达和书写能力大为提高。

很多孩子不喜欢写东西，父母再强迫也写不出来。这种时候，父母不妨先反省一下，从自身找一下原因。

有些孩子不愿意写，是因为没有东西可写。五六岁的孩子整天来往于幼儿园和家之间，生活简单、重复，很少会发生新鲜的、值得写的事情。

父母不妨多带孩子到公园玩，让孩子尝试做一些之前没有做过的事情，并引导孩子将从中获得的感受写下来。

有些孩子不愿意写，是因为父母的要求太高，总是给规定字数，这样就容易给孩子造成压力。可以适当减少字数要求，帮助孩子恢复写日记的信心。

当孩子实在不愿意写日记时，父母也不用勉强。对于五六岁的孩子来说，玩是最重要的事情，可以采用其他方式引导孩子多写。

比如，父母可以经常给孩子写纸条，表达自己对事物的认识、对孩子的情感或者其他想表达的内容，刺激孩子也通过写留言条的方式表达自己的想法。

在各种节日时，可以教孩子写卡片，将卡片送给老师、同学、朋友、亲人等。在他们表达对孩子的谢意时，能让孩子感受到书写带来的感动。

在日常生活中，遇到需要写字的事情，比如写购物清单、出游清单等，也可以引导孩子和自己一起写。孩子对写字的兴趣提高了，自然也愿意写出自己的想法。

在这个过程中，父母可以引导孩子观察生活，教他提炼思想。但是更重要的是，让孩子养成写作的习惯，这个习惯能给孩子的一生带来益处。

 书写与阅读的敏感期李老师给家长的教育启示

孩子进入书写与阅读敏感期后，最初可能只是画线、画圈等，要经过一段时间的训练，才能写出规范完整的文字。

所有兴趣都不可能永远不变，孩子也不会永远对书写与阅读感兴趣。所以，在书写与阅读敏感期内，父母要有意识地激发孩子的书写与阅读欲望，让书写和阅读变成一种长久的兴趣。

父母要多肯定孩子、赏识孩子，让孩子有写字、识字、阅读的兴趣。即使孩子乱写乱画，也要用柔和的方式引导，让孩子养成书写和阅读的习惯。

第 20 章

社会规范的敏感期，孩子开始成长为小大人（5~6岁）

  进入社会规范的敏感期后，孩子会逐渐脱离父母，并且尝试着独立与人交往。父母要让孩子遵守社会规范，学习社交技巧，在不断完善自我的同时，在集体中有所收获。

○ 了解社会规范的敏感期，帮助孩子社会化

在孩子进入社会规范的敏感期后，会逐渐从依赖父母、以自我为中心的状态中解脱出来，变得喜欢交朋友，喜欢在集体中玩。而且，孩子为了让别人喜欢自己，会不断完善自我，以使交往获得成功。

父母可以利用这一点教孩子遵守各种规则，教孩子社交礼仪和技巧，让孩子在自律的同时成为社交达人。

Jimmy 和子彦很早就建立了友谊。幼儿园时，他俩就是整天黏在一起的好朋友。Jimmy 看不到子彦时，就会到处找他；而子彦发现 Jimmy 不见后，也会东找西找。

由于家住在两个不同的方向，两人一放学就要分开。当时，我在国外工作学习，听 Jimmy 奶奶说，只要是子彦先回家了，Jimmy 都要伤心好一会儿。而每天早上，Jimmy 不再赖床，而是着急地催着奶奶送他上学，这样他就能见到子彦了。

后来我回国时，给 Jimmy 带了几本漂亮的图画书。Jimmy 很高兴，挑了最喜欢的一本带到了幼儿园。

当他看到子彦后，立刻把书拿出来，想要送给他看。这时，一旁的文程看到了，立刻过来抢，Jimmy 慌乱地想把书藏起来。

结果，在抢夺的过程中，书被撕坏了一点，Jimmy 立刻松开了手，委屈地大哭起来。而一旁的文程手里拿着书，不知所措。

这时候，子彦过来了，他拿出自己的小手帕，给 Jimmy 擦眼泪。然后，又从文程手里把书要了回来，向老师要了透明胶带，一点一点把破了的书粘起来。

在这个过程中，文程也立刻坐下来，帮忙用手按住书，想让子彦粘起来更容易。看到这一幕，Jimmy 也不哭了，三个小朋友一起努力把书恢复原状。

后来，去接 Jimmy 放学的我听说了这件事，问他："你原谅文程了吗？"他点点头："我们都是好朋友。"

我问 Jimmy："如果以后文程还抢你的东西，你知道该怎么做吗？"

Jimmy 说："我会告诉他，这本书要先给子彦看，等我和子彦一起看完，再给他看。或者，我们三个人可以一起看。"

我点点头，我相信，通过交往中的一次次冲突，Jimmy 会在自己的内心里学会交往规范的意识，也懂得如何处理这些矛盾。

我很高兴，Jimmy 和子彦的友谊一直持续到现在。Jimmy 的乐观、大方、善思考感染了子彦，而子彦的细心、沉着也让 Jimmy 获益匪浅。

在社会规范的敏感期，父母可以利用孩子喜欢模仿的特点，多与朋友、同事等交流，以实际行动激发孩子模仿的欲望。

现在的孩子缺少玩伴，缺乏社交机会，父母可以多带孩子外出玩，或者走亲串友，让孩子与更多的小朋友交往，满足交往的需求。

同时，还要多让孩子参加集体活动，如比赛、演出等，让孩子在这个过程中学会合作、谦让、礼仪等。即使孩子有不规范的行为，也要用温和又坚持的态度教育他改正。

在孩子与人交往的过程中，难免会出现一些问题，如孩子有社交恐惧症、孩子被人欺负，或者由于其他生活小事引发了孩子的伤感等。

这时，父母不要替孩子解决，而要引导孩子想出好的解决办法。在孩子思维打不开时，可以适当提醒，帮助他找到好的办法。

教育没有对错，只要适合孩子的，都是好的教育方式。在社会规范的敏感期，父母一定要抓住时机培养孩子的社会规范意识，让他成为一个有教养的人。

○ 父母要遵守规则，否则会给孩子带来痛苦

有一次，我经过人行道，因为要赶时间，虽然此时是红灯，但是看到道路两端都没有车，我便一脚踏了出去。

"不行！"一声坚决而又响亮的声音让我吓了一跳。转脸看去，一个 5 岁左右的女孩正拉着妈妈的手，不让妈妈走人行道。

"没关系，现在没有车，可以过。你不是也想快点买到故事书吗？去晚了，可能就卖完了呢。"妈妈引诱道。

女孩犹豫了一小会儿，但很快又恢复了坚定的神色。她用力地摇摇头："那也不行！红灯停，绿灯行，黄灯等一等。"

妈妈无奈了："好，听你的。这孩子，真是死脑筋，也不知道到底是像谁。"

我悄悄退了回来，和这对母女一起等着红灯变绿灯。

进入社会规范的敏感期，当孩子了解到了一些社会规范后，会比成人更加遵守这些规范。有些孩子没有规范意识，那是因为父母没有做好榜样的作用，或者没有要求孩子遵守。

在我们成人的世界，有太多无序的行为，孩子自然也容易受到影响。

虽然我们无法改变周围的环境，但仍然可以给孩子做出最好的示范。

有一次，我带着 Amy 和小石头去儿童乐园玩，有一匹弹簧马吸引了他俩的兴趣。只要一坐上去，在弹簧的作用下，马就会上下跳动，非常有意思。

Amy 和小石头高兴地玩着，这时候，有个妈妈领着女儿走了过来。女孩看到 Amy 和小石头玩得这么高兴，就指着弹簧马说："妈妈，我要玩。"

于是，这个妈妈走近一步，对 Amy 说："小孩，你下来，让我们玩一会儿。"她说了好几遍，Amy 连理都没理。

我一向不干涉孩子之间的矛盾，但是看到那个妈妈的态度很强势，我有点担心 Amy 的心理承受能力，便走了过去。

"Amy，你让这个小姐姐玩一会儿吧。"

Amy 斩钉截铁地说："NO！"我又问："为什么？因为她是姐姐？"Amy 摇摇头："我和小石头都排队了，可她没排队就想玩！"

真是个很不错的理由！我赞赏地说："你说得对，应该排队。"小石头此时也说话了："她要排在我后面，不能插队，等我玩完了，她才能玩。"

听到我们的对话，那个妈妈显然很不满意，或许她认为我应该强迫 Amy 下来，然后恭敬地让她女儿坐上去。

就这样，Amy 继续玩着，那个妈妈则用眼睛瞪着我看。面对我坦然的目光，大约半分钟后，这个妈妈拉着女儿的手走了："玩什么玩，真丢人！"

我一直教育 Amy，在公共场合玩公共设施时要排队，谁排在前面谁先玩。她牢牢记住了这一点，并且要求别人也这么做，我不可能为了面子或者讨好一个素不相识的妈妈，就破坏 Amy 心中的规则，那样做会让她感到痛苦

我也为那个小女孩感到遗憾。如果她的妈妈能让她在小石头后面排队，小女孩也能建立排队的意识，可惜她的妈妈错过了这个好的教育机会。

守规则，是孩子更好地生活的基础，让孩子成为一个有尊严的人。在这个过程中，父母可以借助规则对孩子进行教育，也能让孩子学习自律，并得到安全感。

○ 在意公平公正，开始要求维护自己的权利

多多是个腼腆的孩子，从小就被妈妈李琳教育要谦让，所以他从来

没有因为玩具和小朋友闹过不愉快，李琳也觉得儿子很乖、很好管教。

我不这么认为。很快，李琳就为自己的教育尝到了苦果。

这天，李琳带着多多在楼下玩。突然，她想起自己有一件重要的事情要做，便把多多托付给了几个在楼下看孩子的邻居，急匆匆地去办自己的事情。

大约一个小时，李琳回来了，看到多多一个人在树下玩土，其他小孩子全都聚在另一侧，有说有笑的。

"儿子被孤立了？"李琳在心里暗想。"多多！"李琳叫了一声，多多应声抬起头，眼睛里全是眼泪。

"怎么了？"李琳有点心疼地问。

"妈妈，我想玩车。我的车，为什么一定要让别人先玩？"多多感觉非常委屈，也心有不满。

李琳这才注意到，其他孩子想玩多多的车，多多就让他们先玩，自己则站在一旁等着。看着别人玩得兴高采烈，他很委屈和愤怒，却又无可奈何。

李琳知道自己错了，由于自己的谦让教育，让多多都不敢维护自己的权益。她走过去，把车要了回来，带着伤心的多多回家了。

听李琳讲了这件事后，我问多多："你把车子让给其他小朋友，开心吗？"多多直摇头。看到这一幕，李琳终于下定决心要教儿子如何维护自己的权益。

5~6岁时，孩子在社交中开始在意公平公正，也想要维护自己的权益。有些父母想要培养孩子谦让的美德，不管孩子愿不愿意，都让孩子牺牲自己去满足他人。

这是公然忽视孩子的权益，对孩子的成长无益。时间长了，还容易让孩子的性格变得懦弱，不明白自己需要什么，更加不会维护和争取自己的权益。

李林问我："我怎么教儿子维护自己的权益呢？"

我说："在你的教育下，多多可能很难开口拒绝别人，因为他觉得，拒绝别人是件很不礼貌、很不谦让的事情。所以，第一步，你要让他知道拒绝别人和被别人拒绝都是很正常的事情。

"比如，当多多被别人拒绝时，你可以引导他，让他知道，别人对自己的物品有决定权。可以让他玩，也可以不让。如果被拒绝了，只能坦然接受。

"更重要的是，你要让他知道，他对自己的玩具也有决定权，可以决定给不给别人玩。不用被'谦让'的思想控制，可以按照自己的想法做事。"

听了我的话，李琳点头表示同意。

"第二步，你不要越俎代庖。孩子有什么想法，让他自己说出来。他不愿意让别人玩他的玩具，就让他自己拒绝。你不要代办，很容易让孩子越来越胆小。

"其实，维护自己的权益，不是胆量问题，而是因为缺乏相应的经验。多让孩子自己拒绝，他就能学会。"

"可是，"李琳有些担心地问，"万一拒绝了，其他孩子不和多多玩，或者孤立他怎么办？"

我用略带不满的语气说："就是因为你有这种心理，所以多多现在和别人说话时都小心翼翼，别人说什么，他都会按照别人的要求做，这样他能快乐吗？

"凡事有因必有果，不能因为害怕维护自己的权益会让别人不高兴，就一味让孩子牺牲自己。如果因此受到了冷落，也是孩子成长的一部分，需要他去经历。"

我一边说着，一边观察李琳的反应。她脸上红红的，似乎很不好意思，只好换种安慰的口气说："其实，维护自己的权益不见得会得罪别人，你可以让孩子采用迂回委婉的方式拒绝。比如玩车的问题，可以让多多说：'我先玩一会儿，再让你们玩'。"

李琳长长叹了口气，我知道，对于不懂维护权益的她来说，想要教儿子维护自己的权益，实在是件困难的事情。

但是，我们做父母的，必须让孩子树立公平公正的意识，让他知道他有能力维护自己的权益，这样以后才不会一味牺牲自己，让自己成为别人的附庸。

社会规范的敏感期李老师给家长的教育启示

在孩子进入社会规范的敏感期后，会逐渐从依赖父母、以自我为中心的状态中解脱出来，变得喜欢交朋友，是教孩子遵守各种规则、学习社交礼仪和技巧的好时机。

在这个时期，孩子会对规则很重视，父母不要带头破坏规则。同时，孩子在与人交往中，也开始追求公平公正，父母要给孩子维护权益的机会。

现在的孩子缺乏社交机会，父母要多创造交往机会，让孩子在交往中逐渐规范自己的行为，并学会各种社交技巧。

第 21 章

自然敏感期，与孩子在自然的怀抱中自由地嬉戏 (5~6 岁)

自然是人类生存的基础，给人以启迪和感悟。孩子天生喜欢自然，崇拜自然，并且从自然中获得生命所需的能量。父母要多引导孩子与自然和谐相处，体会生活的美好。

○ 孩子天生亲近自然，解读孩子的自然敏感期

孩子都具有亲近动物、植物的天性，喜欢昆虫和各种小动物，喜欢树木和花朵。对于树叶和花瓣，也经常收集做成标本。

Jimmy 有一段时间非常喜欢海狮，每次电视上有海狮的视频，他都会聚精会神地看；看到有海狮图案的书，也会要买回家。

每次看完书，Jimmy 都会搂着我的脖子撒娇："妈妈，给我买只海狮好不好？"

我哭笑不得，只好带他去看海狮表演。我发现，他在看海狮的时候，比看到任何好玩的玩具都要兴奋。

不仅 Jimmy 是这样，我发现，幼儿园里也刮起了一阵"自然风"。

这天，奇奇来到幼儿园后，先是神秘兮兮地把大家全都叫到他身边，然后从手提袋中小心翼翼地拿出一个小盒子，里面是一只大蜗牛。

"哇，这么大！"离得最近的烁烁发出了一声感叹。其他小朋友也纷纷把头凑上去看，互相询问着："这是蜗牛吗？""还有这么大的蜗牛啊？""真大！真大！"

奇奇很高兴，满脸的自豪："这是法国大蜗牛！我妈妈给我买的！"

小朋友并不在意蜗牛的种类，只是对它的样子很感兴趣。程程用羡慕又略带请求的语气说："你能把它拿出来，让我们仔细看看吗？"

奇奇连想都没想，立刻答应："好，我们让它在桌子上爬。"

刚说完，大家就把放到桌子上的书收到一边，奇奇则轻轻地拿出蜗牛，放到了光滑的桌面上。

起初，大家全都屏住呼吸，盯着蜗牛看。蜗牛先是在壳中躲了一会儿，感觉到周围没有危险后，悄悄地伸出头，慢慢地在桌上爬了起来。

大家轻声讨论着，讨论着蜗牛的壳、触角、眼睛。突然，美美好奇地问："它没有嘴巴，要怎么吃东西呢？"

奇奇很有耐心地解释说："你仔细看看，看看这里，这个尖尖的地方就是嘴巴。"说着，奇奇拿起小盒子中的菜叶，轻轻地送到蜗牛的嘴边。一番试探后，蜗牛吃了起来。

大家就这样安静地观察，直到每个人都看清楚了，奇奇才收起来。

接下来的几天，美美带来了自己种的一盆仙人球，烁烁带来了自己饲养的小金鱼，程程带来了自己的宠物小乌龟，而问问呢？居然带来了家里养的小狗！

一时间，幼儿园成了动物园和植物园，各种小动物、各种花草，而孩子们的话题也都和这些动植物有关。

通常来说，随着知识和体验的增多，5~6岁的孩子对自然已经有了一定程度的认知。在这个时期，父母要多让孩子接触自然，与自然产生联系。

在接触自然的过程中，孩子需要使用自己的感觉器官，感受各种美景，感受各种小动物的生存状态。这既能给孩子带来美的乐趣，也能刺激他不断在生活中追求美。

孩子在体会大自然的同时，大脑细胞也会得到一定的刺激，注意力能得到提高；孩子的情绪一旦得到了释放，潜能便会不受阻碍地表现出来，减少生理和心理疾病发生的几率。

所以，让孩子亲近大自然，绝不是浪费时间或者可做可不做的事情。父母要多带着孩子走进大自然，让孩子在大自然的怀抱中快乐地成长。

○ 让孩子走进大自然，在自然中有所感悟

最近，Tom 对动物特别感兴趣，一回到家，就开始翻看各种动物图册，并且要求妈妈给他讲各种动物的故事，然后第二天把这些故事告诉幼儿园的小朋友们。

在发现 Tom 的这一爱好后，妈妈便带着他去动物园玩，还和他一起给动物拍照、录像，并把照片和录像带到幼儿园给其他小朋友看。

一个周末，Tom 和妈妈一起去了森林公园，抓了一些昆虫放在家里饲养。而且，妈妈还收集了很多植物的叶子，带来家里做成了标本。

从那以后，Tom 就变得更加痴迷动物和植物。为了支持 Tom，妈妈一有机会就带着他跋山涉水认识各种动植物，在家里饲养小动物，

种植各种花草。

等到了 Tom 邀请我们去他家参观的时候，我才惊讶地发现，Tom 的院子里种满了各种植物，而家里也专门设置了一间宠物房，放着 Tom 饲养的各种小动物。

Tom 的妈妈做着这些，仿佛是理所当然的。面对这样支持儿子探索的妈妈，我不禁有些脸红。因为在我们国家，很少会有这么彻底支持孩子的妈妈。

所有的孩子都渴望走进大自然，但在国内，却很少有孩子有机会那样做。很多时候，孩子总是说"妈妈不让去外面玩"或者"我乱跑爸爸会打我"等。

在大自然中玩，是孩子的天性，能让孩子更多地认识世界，同时也能促进身心的健康发展。可很多父母没有认识到这一点，总是觉得出去玩还不如让孩子看看书，拒绝让孩子接触大自然，这显然是一种谬论。

李东是我大学同学，毕业后在一所小学当老师。有了儿子小伟后，对儿子的要求也非常高，从小就教他读书识字，希望儿子将来能有一番成就。

可小伟才 5 岁半，正是喜欢玩的时候。有一次，我去李东家，我们在客厅聊天，小伟在阳台玩。等到我要离开和小伟打招呼时，却没有听到任何回应。

我走近阳台，发现小伟正认真地看着一盆花草。我没有说话，而是把李东拉来，让他看看自己的儿子在做什么。

李东很不解，问小伟："你在干什么？"

小伟指着叶子上一个小黑点说："这上面有一只小虫子，我在看它是怎么爬的。"

李东很生气："有什么好看的？有这个时间，还不如去看书呢。我昨天给你买的两本图画书，你看完了吗？"

小伟低下了头。

我很不满李东的态度，之所以叫他来看，是想让他看看儿子多么渴望接触大自然。而他，误解了我的用意。

我知道，有些父母开通些，但也只是带着孩子在人工绿地上玩耍。实际上，即使草地上有一些昆虫，也是极少量的，无法真正展现大自然的风采。

大自然是孩子最好的老师，孩子能增加知识，增强意志力，让身体变得更加健康。而像李东那样，把孩子关在屋子里，让他看书或者学习，很容易让孩子感觉枯燥乏味。

这样做，不仅会影响孩子专注力和各种能力的发展，更会让孩子的心理变得抑郁、闭塞，以后也很难拥有宽广的胸怀。

在孩子对自然的敏感期，父母一定要多创造一些条件让孩子接触大自然，体会其中的美好与乐趣，在自然的怀抱中健康成长。

○ 爱上小动物，喜欢和小动物交朋友

"Jimmy——快点出来！看看妈妈发现了什么！"我刚走出家门，想要呼吸一下雨后新鲜的空气，就发现有一个奇怪的家伙挡住我的去路。

Jimmy 兴奋地跑了出来，不顾有些湿漉的地面，直接趴在地上，眼睛凑近蜗牛。看了好一会儿，Jimmy 才大声叫道："是蜗牛哎，是蜗牛！"

我笑了。此时，太阳渐渐升高了，天空也渐渐亮了起来。不远处，还有几条蚯蚓在坚硬的石面上扭动着。

Jimmy 伸出小手，用指尖轻轻地点了一下蜗牛的触角，触角立刻收缩回去，过了一会儿，又试探着伸了出来，Jimmy 再次点了一下……

"Jimmy，你在干什么？啊！蚯蚓！差点踩到。"Joe 用略微夸张又脆脆的童音大声喊道，Jimmy 吓了一跳，抬起头看见了 Joe。

只见 Joe 双手捧着一个小纸盒，小心翼翼地穿过蚯蚓群，将纸盒放在阶梯上。然后回过身捡起一个小木棒，将蚯蚓轻轻挑起，小心翼翼地放进草丛。

Jimmy 见了，也立刻加入。"这条是我的呀，你不要抢。""是我的。""是我的。"……两个男孩一边闹着，一边完成了拯救蚯蚓行动。

随后，我问 Joe，为什么拿个纸盒过来。Joe 突然大叫："对了！

Jimmy，你快看这是什么?"说着拿起纸盒，指着上面的小洞让Jimmy看。

Jimmy立刻凑了过去："是小鸟，是小鸟!"他高兴极了，立刻要把小鸟放出来仔细看看。"不行!"Joe坚决阻止，"放出来小鸟就飞走了。"

来到屋里，Jimmy又要抓着小鸟玩，"不行，"我说，"你会把它弄疼的。"我小心地从纸盒中拿出小鸟，仔细检查了一番，看到小鸟没有受伤，才放心把放到Jimmy手上。

或许是小鸟吓到了，居然一动不动地待着，任由Jimmy和Joe轻轻抚摸。

过了一会儿，我说："你们玩够了吗? 我们把小鸟放了好不好?"

"好!"Joe脆生生地回答，Jimmy却有些犹豫了。

"我们要爱护小鸟。"只比Jimmy大半岁的Joe，像个大人一样劝着。Jimmy看看Joe，又看看我，低下头看了一眼小鸟，点了点头。

Joe走到路边，轻轻地把小鸟放在了一个较矮的树枝上，小鸟依旧一动不动。一旁的Jimmy急了："你快走呀! 你再不走，我就把你关起来。"

小鸟拍了几下翅膀，慢慢飞走了，两个孩子如释重负，望了对方一眼，高兴地大笑起来。我发现，这天的太阳格外美丽。

5~6岁的孩子，开始同自然界建立亲密关系，有了这样一段与自然沟通的精力，孩子才能真正认识自然界。所以，我很尊重Jimmy对动物的喜爱，引导他同自然产生联系。

我相信，一个喜欢小动物的孩子，很容易把小动物当成自己，怜惜它们、照顾它们，这对于孩子的人格发展所起到的作用，是任何书本和父母的教育都达不到的。

○ 喜欢却虐待小动物，到底是为什么?

在北京时，我常常看到一些孩子虐待小动物，而有些父母也频频向我咨询："孩子总是虐待小动物，是怎么回事? 要怎么帮他改掉这个坏习惯呢?"

通常来说，小动物很可爱，孩子也很喜欢。但是，总有些孩子以虐待小动物为乐。他们喜欢欺负小动物，听到小动物的哀鸣声，却在一旁咯咯笑。

小路就是这样的孩子，当小路妈妈向我描述儿子的"暴行"时，我简直不敢相信。能做出这样的事情，孩子的内心该有多么扭曲！

5 岁的小路上幼儿园中班，最初很喜欢小动物，在他的要求下，家里饲养了小猫、小兔、小金鱼、小乌龟等。

可是，新鲜劲一过，小路就开始虐待这些小动物，他把金鱼从浴缸里捞出来，让小猫吃。小猫吃完后，他就拿起棍子将小猫的腿打断，说是为金鱼报仇。

接着，小路又开始折磨小乌龟，起初是拉住小乌龟的头使劲往外拽，等玩腻了，直接用锤子砸小乌龟的壳，结果小乌龟变成了一堆烂肉。妈妈问起时，他说只是想看看龟壳有多硬！

小乌龟死后，妈妈很生气，教训了小路一顿，以为他会有所收敛。没想到，小路把折磨的对象换成了小兔子，偷偷拿打火机烧兔子毛。

后来，妈妈没有办法，便把家里的小动物全都送了人。小路便开始虐待幼儿园里饲养的小狗，总是趁老师不注意，偷偷拿小木棍敲它。

最终，老师发现了小路的这一行为，并告诉了小路妈妈。妈妈非常震惊，这才觉得有必要好好找找孩子施暴的原因。

我知道，很多孩子都有虐待小动物的行为，只是没有小路这么过分，父母没有把它当回事。

五六岁的孩子好奇心非常强，当他对小动物感兴趣后，会很好奇小动物惨叫、被虐待时是什么样子，便很有可能进行虐待。或者，虐待行为只是一种单纯的模仿。这样的孩子，父母稍加引导，就能让他们停止虐待行为。

另一方面，孩子虐待小动物很有可能是内心宣泄的需要，比如受欺负、批评、打骂时，孩子无力反抗，便用虐待小动物释放自己的不满。

后来，我了解到，小路在 6 个月大时，由于父母离异，被妈妈送到了姥姥家抚养。在姥姥家，孙子孙女很多，他这个外孙根本得不到一点宠爱。

虽然小路在姥姥家一直表现得很乖，但也只是为了讨好大人才故意压抑自己的情感。回到妈妈身边后，弱小的动物就成了他宣泄的对象，让他在感情上得到满足。

我告诉小路妈妈，让她多给孩子一些爱，多陪伴孩子。在发现孩子心情异常时，要引导孩子发泄出来，然后给予引导。

在这个过程中，不要批评，努力用一颗平常心接纳。尽可能地多陪伴，多做一些有趣的亲子活动，让小路的注意力得到转移。

在面对孩子虐待小动物的行为时，父母要了解其中的原因，是好奇、压力，孩子模仿？然后再采取相应的措施。

在这个时期，用言语教育、用打骂威胁，或者努力培养孩子的爱心，都无法从根本上解决问题。只有了解了孩子的心理，给予更多的爱，才能解决。

自然敏感期李老师给家长的教育启示

孩子都具有热爱自然的天性，喜欢昆虫和小动物，喜欢树木和花朵。当孩子到了五六岁时，对自然达到了一定的认知，便进入了自然敏感期。

在这个时期，父母要多让孩子接触自然，多使用自己的感觉器官，感受各种美景，感受各种小动物的生存状态。

在这个过程中，能让孩子的大脑细胞得到刺激，情绪得到释放，既能给孩子带来美的乐趣，又能提高注意力，还能减少生理和心理疾病发生的几率。

所以，父母们，多让孩子亲近大自然吧。

第22章

独一无二的敏感期，让孩子实现突飞猛进的成长（5~6岁）

判断孩子是否处于敏感期很简单，观察其言行即可。而对于处于敏感期的孩子，父母要多给孩子自由，学会等待，让孩子在父母的关爱下快乐成长。

○ 敏感期最重要的原则：给孩子最大限度的爱和自由

在生命的最初，爱就是孩子成长的基础，孩子在爱的帮助下建立自己的人格、心智、道德等，完善自己的生命。

我经常听到一些无知的父母在伤害了孩子后，还不知反省地辩解"我是为了孩子好"或者"哪有不爱自己孩子的父母"。

我不这么认为。当父母百分百接纳孩子，给孩子足够的爱和自由后，这个孩子必然能够在心灵向上力量的指导下，让自己发展成为一个人格建全的人。

有一次，我在路上遇到小区 5 岁多的孩子乾乾。我问他去哪，为什么一个人。他说："我不要在这里，我要走。"

我赶紧拦住他，给小区物业的小张打电话，让他通知乾乾的父母，我会把乾乾安全地带回家，让他们不要着急。

我没有强行把乾乾带回家，而是问他想做什么。在乾乾提出想去吃汉堡、去游乐园玩后，我陪他去吃汉堡、玩游戏。最后，我对他说："我们回家吧。"他犹豫了一下，最终点点头。

我把乾乾送回家。一见面，妈妈就打了儿子一巴掌，爸爸则踢了儿子一脚。我这时才明白，一个 5 岁多点的孩子，为什么会离家出走。

我看到乾乾家里有各种玩具，也和他的父母简单聊了聊。我发现，他们认为自己很爱孩子。可实际上呢？我觉得不是这样，他们根本不具备爱的能力。

从"孩子不乖""喜欢找麻烦""不听话"等话语中，我发现，他们在考虑问题时，并没有从孩子的角度出发，教育孩子时也是根据心情乱来。

心情好时，他们会很好地对待乾乾，带他玩，给他买玩具；心情不好时，他们则会打骂乾乾，让他心里充满了恐惧。

所有的父母都爱孩子，只不过是父母一厢情愿相信的谎言。要想真正做到爱孩子，给孩子自由，就要首先拥有爱的能力，然后才是让孩子得到爱。

我认为，给孩子爱和自由是一体的。父母从孩子的角度出发，给孩子成长需要的自由，在一旁给予鼓励和帮助，这才是真正的爱。

据我所知，许多父母都不了解孩子的成长过程，总是一厢情愿地给予孩子他们并不需要的东西，还责怪孩子不懂接受和感恩。

4岁的小山刚刚进入幼儿园，我发现，他什么都不会做。吃饭时，其他小朋友都高兴地选自己想吃的菜，老师问到他时，他也一脸茫然的样子。

打好饭，其他小朋友都高兴地吃起来，他却突然站起身来，拉着刚才帮他打饭的老师，霸道地说："你喂我！"

不仅这样，小山下午还尿了裤子，原因是他不会自己上厕所。我这时才发现，小山真的是什么事情都要依靠别人。

等到小山的妈妈来接孩子时，我说起溺爱孩子的事情，她说："都是因为我们太爱孩子了，不想让他动手，所以能帮他做的，就都帮他做了。"

对于这样的解释，我并不认同。很多父母打着爱孩子的旗号替孩子做事，实际是为了满足孩子依赖自己的需要，或者怕替孩子收拾残局。

我没有这样说，而是告诉她，这样做不仅会让小山失去动手能力，还会影响他的心智发展。最后，我建议她在家里多给小山动手的机会。

在敏感期，孩子的成长需要爱和自由。为了做到这一点，父母可以多看一些教育书籍，明白孩子成长的过程，试着理解和接纳孩子。

当我们能给予孩子爱和自由，孩子必定会在快乐中，完成他的成长过程。

○ 敏感期父母要学会等待，等待孩子自己成长

有一次，和一个朋友讨论敏感期的事情，说到最后，他问我："你觉得，中国父母和美国父母相比，在孩子的敏感期最缺乏什么？"

"耐心。"我肯定地答道。

在国内，我常常见到一些父母拿自己的孩子与其他孩子做比较，而且总是拿自己孩子的短处跟其他孩子的长处比，结果越比越气愤，越对孩子施压。

我记得，有个家长曾经这样问我："人家都会数数了，我这孩子还不会认数，是不是敏感期延迟了？"

实际上，谁都无法预测孩子进入敏感期的时间，有的孩子早些，有的孩子晚些，这都是正常的。越是在敏感期，父母越要有耐心，越

要学会等待孩子自己成长。

不管在谁看来，Nick 都不是聪明的孩子。他2岁多才开始说话，但是妈妈一直没有否定他，总是鼓励他，为他的一点点小进步高兴不已。

平时，妈妈总是鼓励 Nick 多说话。有时听不懂 Nick 想表达的意思，妈妈便会一遍遍猜测，直到弄明白 Nick 想说的是什么。

每天，妈妈都会给 Nick 讲故事，鼓励他开口说话、唱歌等。Nick 每学会一首歌，妈妈就会邀请邻居来家里吃饭，让 Nick 唱歌给大家听。

同时，妈妈还鼓励 Nick 多和其他小朋友相处。有时，Nick 因为动作慢或者说话不精准而受到其他小朋友的嘲笑，妈妈便会安抚他，然后鼓励他继续和其他小朋友相处。

就这样，在妈妈的坚持下，Nick 的语言能力迅速提高，身体的反应能力也变得越来越快。到了现在，Nick5 岁了，与其他小朋友一样，聪明可爱。

我觉得，Nick 的妈妈是个很有智慧的妈妈，虽然她没有专业学过育儿知识，但却懂得全身心接纳孩子、陪伴孩子，等待孩子的成长。

Nick 的事情让我相信，教育需要等待。虽然我们都期待，自己能有一个聪明、优秀的孩子，但并不一定都会如愿。

有时，和其他孩子相比，我们的孩子或许有很多的不足，或许成长速度比较慢，这都没有关系。重要的是，父母要接纳孩子，等待孩子自我成长。

每个孩子都有自己成长的步伐，父母应该把功利放下，等待孩子慢慢成长，这才是适合孩子的成长方式。

一个朋友曾经告诉我，他在幼儿园时有个特别好的玩伴，很聪明，也很调皮，两人经常在一起做一些"坏事"。

不久，朋友转学了。等到再遇到这个玩伴时，已经是二十年以后了。而他那个玩伴，没有像他想象得那么成功，只是在工厂里做了一个平凡的工人。

"你知道他为什么变得这么老实吗？"朋友自问自答，"因为他的爸爸每天暴打他，让他从一个调皮、聪明、有创意的孩子，变成了一个懦弱的大人。"

我知道，朋友是在替自己的玩伴惋惜。他也是一个调皮、聪明的孩子，幸运的是，他的父母懂得等待的技巧，懂得给他时间成长，所以他现在才能拿着高薪，做着自己喜欢的事情。

在敏感期，孩子的很多行为看似无可救药，实际都是在发展自己的能力。作为父母，要耐心对待孩子，等待孩子慢慢用自己的方式成长。

○ 观察孩子的言行，抓住从不守时而来的敏感期

敏感期是孩子成长的重要阶段，如果父母没有抓住，或者做出了阻碍孩子敏感期发展的事情，会给孩子的成长造成很大影响。所以，我们需要抓住孩子的敏感期。

但是，孩子的敏感期并不守时，这也加大了父母教育的难度。有些父母就向我诉苦："我又不能整天看着孩子，我怎么能知道孩子什么时候进入敏感期？"

实际上，不用整天看着孩子，只要细心观察，就能发现孩子的一些异常表现。然后，适时适当地给予孩子帮助，帮他顺利度过敏感期。

Amy6 个月的时候，手的能力在快速发展着。有一次，我带着 Amy 去朋友家玩，Amy 对沙发的靠垫很感兴趣，抓住不放。

起身告别时，我发现，刚才 Amy 抓住不放的靠背一角破了一个小洞。神奇的是，这个小洞居然是 Amy 用手抠出来的。

我向朋友说明了情况，然后带着 Amy 回了家。回到家后，我立刻找出了锡纸，又找出了几个不用的空瓶子，用锡纸包住瓶口，用牙签戳一个小洞，摆在了 Amy 面前。

Amy 很兴奋，先是试着拿起瓶子，然后仔细观察了锡纸上面的小洞。大约过了一分钟，Amy 终于鼓起勇气，抠了起来，很快就抠出了一个大洞。

这些游戏 Amy 一直玩着，直到她的手指变得很灵敏，直到她的内心需要得到了满足。

实际上，在几年前，儿子 Jimmy 也曾对抠东西感兴趣，但那却是在他一岁半的时候，而且，只持续了短短的一周，Jimmy 就对抠洞失去了兴趣。

很明显，每个孩子敏感期到来的时间、表现出来的症状都不相同。有的孩子敏感期出现得早，有的孩子出现得晚；有的孩子敏感期时间持续得长，有的孩子敏感期只维持很短的时间等。

我很庆幸，我对孩子在各个敏感期中可能出现的表现都很了解，所以当孩子出现抠洞的行为时，我能及时提供帮助。

我认识的一个朋友，曾经自作聪明地问我："如果我知道孩子要进入哪一种敏感期，比如执拗敏感期，是不是就可以提前采取措施，

让他避免经历这一敏感期?"

我摇摇头,朋友完全误解了观察孩子言行的用意。发现敏感期,是为了及时给孩子提供帮助,指导孩子顺利度过,而不是为了阻止孩子,让他不去经历。

作为父母,我们要多给孩子一些爱和自由,多宽容他的一些不当行为,多引导而非批评。在敏感期里,孩子的潜能可以得到很好的发展,我们应该给孩子这样的机会。

在日常生活中,我们总是说"顺其自然"。其实在教育孩子时,更需要"顺其自然"。而这句话中的"自然",就是孩子的成长规律。

按照敏感期的规律指导孩子,让孩子自由发展。在这个过程中,孩子的心灵得到满足,言行也不断得到规范,成长的道路也会变得更加顺利。

○ 敏感期也是学习期,不干涉,要提供学习条件

在敏感期,孩子总是会做出一些在父母看来很怪异的事情:在地上捡一些脏东西放进嘴里,看到地方有水就高兴地踩上去,看到楼梯就爬,看到抽屉就乱翻等。

这些是孩子在用自己的方式探索、学习,可是父母呢?总是出于各种各样的考虑阻止甚至恐吓孩子,如"危险""小心""再不听话打你"等。

我有个朋友,特别胆小,什么都怕。她怕火、怕黑、怕下雨,即使是对她不能构成任何威胁的小虫子,她也会怕得要命。为了锻炼自己,她决定搬到我那里住几天。

有一次,我从外面回来,发现她正在啃方便面。她见到我就像见到了救星一样:"我快饿死了,给我弄点吃的吧。"

我看了看手表,已经下午四点了,我有些惊讶:"你一直饿到现在?怎么不下去买点吃的呢?"

"下雨了。"她小声说。

"那你可以把方便面泡了再吃。"我说。

"没开水了。"她继续小声地说。

"没开水了,你不会自己烧一点吗?"刚问完,我就反应过来:她怕火,所以不敢开煤气灶烧水。

我很无奈地叹口气,给她煮了面。看她狼吞虎咽的样子,我真是

担心：这样的人，以后要怎么独自在社会上生活？

果然，没过几天，她的父母就把她接回了家。从那以后，我们就再也没有联系过。

我从她的妈妈口中得知，她有一个哥哥不小心溺水身亡，所以父母对她的安全就特别在意，不让她接触任何有危险的东西，而且还故意夸大这些东西的危险性。

就这样，在她的敏感期里，各种需要发展的能力都被父母限制了。她认为，什么都是危险的，自己什么都做不了。

在敏感期里，不要恐吓和责备孩子，会让孩子对自己的行为产生怀疑。当孩子为了迎合父母而放弃探索时，他的内在发展也便受到了压抑。

所以，要想真正在敏感期给孩子提供真正的帮助，就不要干涉孩子的行为，并且努力给他创造好的环境，让他能尽情地探索。

我一直觉得，我母亲是个很明智的人。在我小的时候，如果我不求援，她从来都不会干涉我的事情。通常，都是我玩我的，她做她的家务。

在我出去玩的时候，母亲也只是在一旁跟着，除非我想到河边玩水，通常她都不会阻止我。

为了让我玩水，母亲专门买了一个大盆放在院子里，里面放上半盆水。我什么时候想玩水了，就可以到院子里玩。

有时候，当其他小朋友抢我的玩具，而我哭着向母亲求援时，她总是告诉我，如果想要回自己玩具，就自己去争回来。起初，我会和其他小朋友争夺。后来，我学会用道理说服他们，让他们把玩具还给我。

我很庆幸，自己有这样一位母亲，懂得不干涉，更懂得提供学习条件让我通过自己的方式成长。

在敏感期，孩子会强烈地想要认识世界，这是学习的好时机。不管孩子在哪一个敏感期，父母都应该做到不干涉，提供条件让孩子自由成长。

李老师给家长的敏感期教育启示

　　每个孩子都拥有独一无二的敏感期，作为父母一定要明白，敏感期也是学习期，不能干涉孩子，而要提供学习条件。

　　但是，敏感期未必守时，父母只能通过观察孩子的言行确定孩子是否进入了某一敏感期，是否需要帮助。

　　在敏感期里，有一个最重要的原则，就是给孩子最大限度的爱和自由。同时，要学会等待，等待孩子自己成长。